Karsten-Thilo Raab
Ulrike Katrin Peters

Brite schön!

Eine Schmuzel-Staun-Fiebel über die Insel

WESTFLÜGEL VERLAG

Bibliografische Information der Deutschen Bibliothek:
Die Deutsche Bibliothek verzeichnet diese Publikation in der Deutschen Nationalbibliografie; detaillierte bibliografische Daten sind im Internet über http://dnb.ddb.de abrufbar.

Impressum

ISBN: 578-3-939408-31-4
Text: Karsten-Thilo Raab, Ulrike Katrin Peters
Layout: Ulrike Katrin Peters

Inhaltsverzeichnis

Der Säufer ihrer Majestät ... 6
Slipverknappung ... 7
Wunder-Clowns ... 8
Bettwäscheneroti k ... 8
Pfundige Hundepension ... 9
Britische Sexflaute ... 10
Frühstückshatz ... 11
Urlaub mit Gravur ... 12
Parteiübergreifend ... 13
Kleine Weltauswahl ... 14
Nachwuchs-Jamie-Olivers ... 15
Flatulenzantrieb ... 16
Luftpostpizza ... 17
Handyschaden ... 18
Sprachenwachstum ... 19
Streitauslöser ... 19
Telefonus interruptus ... 20
Schlafräuber ... 21
Trennungsgeld ... 22
Hörerlebnis ... 23
Der Froschprinz ... 24
Mahlzeiten-Exitus ... 25
Klamottenrausch ... 26
Mobile Fleischbeschauung ... 27
Moderne Silberlocken ... 28
Tränensalz ... 28
Hummerhaut ... 29
Dinogaserwärmung ... 30
Gefrierkopf ... 31
Traummannanforderungen ... 32
Geflügelte Antibiotika ... 32
Pekuniärgeschenkskepsis ... 33
Rennpferdgeflüster ... 34
Stimmungsverpester ... 35
Gruppenlacheffekte ... 36
Schnellfutterportionen ... 37
Trunkenheitsgalerie ... 38
Frauenüberforderer ... 39
Die Exoten von nebenan ... 40
Perfekter Teegenuss ... 41
Klamotten-Neid ... 41
Fäkalienphonie ... 42
Geschenkschnüffler ... 43
Vorbereitungstretmühle ... 44
Generation Drei-S ... 46
Tageshöchstform ... 46
Freundschaftsgaben ... 47
Hallo-Wach-Effekt ... 48
Weihnachtsfeiersünden ... 49
Temperaturstreit ... 50
Glücksmomentbereiter ... 51
Absatzschwierigkeiten ... 52
Abtastphasendynamik ... 53
Frauenbevorzugung ... 54
Abnehmstartwahl ... 55
Styling-Marathon ... 56
Qualitätsgesäß ... 57
Gedächtnislücken ... 57
Bedenkenträger ... 58
Nackte Tatsachen ... 59
Bakschischmentalität ... 60
Urlaubsvorbilder ... 61
Partnergeheimnisleaks ... 62
Geheime Geldspeicher ... 63
Leidende Hundeliebe ... 64
Putzzwang ... 64
Geheimniskrämerei ... 65
Schnappatmungsphänomen ... 66

Eckige Augen.....67
Gepäcktraining.....68
Streitkultur.....69
Zeitfresser Shopping.....70
Hochseesaufen.....71
Sparansätze.....72
Laufgeschichte.....73
Muttertagsbegehren.....74
Einkaufseffektivität.....75
Beziehungssuppe.....75
Bierrevolution.....76
Kaufrauschernüchterung.....77
Unterhosenstudie.....78
Schuhqualen.....79
Staustehtätigkeiten.....80
Handyschlucker.....81
Wohlfühlverfettung.....82
Schnarchnasenalarm.....83
Fragwürdig.....84
Liebeslügen.....85
Waagenwucher.....86
Die perfekte Partnerin.....87
Absatzschwierigkeiten.....88
Waschmaschinen-SMS.....89
Verblödungsschutz.....98
Zwangstrinker.....90
Straßenfraß.....91
Frühstücksplatzwahl.....92
Bettgeschichten.....93
Farbenspiele.....94
Verschwindibus.....95
Modediktat.....96
Frauliches Haar-Desaster.....96
Bereifter Sexappeal.....97
Tage der Lust.....98
Stichhaltiger Trend.....99
Bezahlter Ruhm.....100
Herdqualen.....101
BH-Überschuss.....102
Pausenaktivisten.....103
Hundehaufentester.....104
Turbulente Zeiten.....117
Schnaps Nummer 3.674.....105
Kollektive Gesetzesbrecher.....107
Sprachcharme.....106
Literaturfasten.....108
Gewohnheitstrinken.....110
Mut zur Lücke.....111
Schokotonträger.....112
Ehekriegsschluss.....112
Dinkelstangenplädoyer.....113
Flügellahme Engel.....114
Beinlängen-Mähr.....115
Hundesöhne.....115
Dunkle Ängste.....116

Über die Autoren.....118

Der Säufer ihrer Majestät

Ganz ehrlich. Irgendwie hatte ich immer den Verdacht, dass mit dem Typen etwas nicht stimmt. Okay, habe ich gedacht, der hat Geld. Oder zumindest spielt Geld keine Rolle. Er hat scheinbar immer genügend Verfügungsmittel. Seit 1962 steht er mittlerweile als gefeierter Leinwandheld im internationalen Fokus und in den mehr als fünf Jahrzehnten ist er eigentlich nie richtig älter geworden. Im Gegenteil, er ist immer mit der Zeit gegangen, trägt immer den feinsten Zwirn und versteht es immer die attraktivsten Frauen in sein Bett zu bekommen. Auch sein Körper scheint in all den Jahren wenig bis gar nicht gealtert. Und dies trotz seines exzessiven Lebensstils. Frauen und Alkohol sind seine Hobbys, wenn er mal nicht gerade im Dienste ihrer Majestät den Bösen den Gar aus macht.

Als passionierter Fan der Bond-Abenteuer kommen einem natürlich zwischendurch schon mal leichte Zweifel, ob bei 007 alles echt ist, ob er sich nicht der einen oder anderen Schönheitsoperation unterzogen hat und ob er nicht überhaupt so etwas wie eine zweibeinige Mogelpackung mit der Lizenz zu töten ist? Ein Bestätigung dafür, dass irgendetwas mit dem wohl berühmtesten Geheimagenten der Welt, seiner offen ausgelebten, unbändigen Sexsucht und seinem fast krankhaften Verlangen nach Martini, geschüttelt, nicht gerührt, und Champagner nicht stimmen kann, erbrachte die Wissenschaft. Forscher an der Universität im englischen Nottingham haben sich durch die Romanvorlagen von Ian Fleming gearbeitet und genau festgehalten, wie oft 007 darin tief ins Glas geschaut hat.

Und siehe da, meine Skepsis wurde bestätigt: Der gute James müsste eigentlich schon längst an einer fortgeschrittenen Leberzirrhose leiden. Zudem müsste er ob seines ausgeprägten Alkoholismus längst zeugungsunfähig sein, so dass fraglich ist, wie er bei den ganzen Liebesabenteuern in seinen Filmen überhaupt noch seinen Mann stehen kann. Genau 123,5 Tage ist 007 in den Romanvorlagen im Dienste der Krone unterwegs und muss, so die Wissenschaftler, dabei mächtig einen in selbiger haben. Sogar so sehr, dass angezweifelt werden muss, dass Bond bei klarem Verstand ist.

Nur an 36 Tagen hat er nicht gesoffen, an den übrigen 87,5 Tagen pfiff er sich, so die im „British Medical Journal" veröffentlichte Studie weiter, 1.150 Einheiten Alkohol rein. Dies sind mehr als 13 Einheiten pro Tag und somit viermal mehr als die von Ärzten empfohlene Höchstdosis. Ernüchternd dürfte daher das Fazit der Wissenschaftler auf Bond wirken: Sein Lebenserwartung liegt bei Mitte 50 – vorausgesetzt, er kommt nicht vorher bei einem seiner gefährlichen Missionen ums Leben. Was allerdings ausgeschlossen scheint. Denn irgendwie hat Bond mehr Leben als jede Katze, auch wenn er eigentlich chronisch einen Kater haben müsste.

Slipverknappung

Vor einer Reise leiden nicht wenige unter der Qual der Wahl, was sie für die vermeintlich schönste Zeit des Jahres alles so einpacken sollen. Schuld ist dieser launische Wettergott, der einem selbst den Aufenthalt in einem Sonnenparadies je nach Lust und Laune gründlich verhageln kann oder bei der Wahl der falschen Kleidung sogar in der Wüste mitunter Frostbeulen heraufbeschwören kann. Von daher neigen nicht wenige dazu, lieber das eine oder andere Bekleidungsstück mehr in den Koffer zu legen.

Nicht so der gemeine Brite. Ein Blick in die Koffer von knapp 1.300 Reisenden aus dem Vereinigten Königreich zeigte jetzt genau, was die Untertanen von Elizabeth II. alles so mit auf Reisen nehmen: Während gemäß einer Studie des Reiseanbieters sunshine.co.uk die Frauen im Schnitt immerhin 34 Teile für einen einwöchigen Urlaub in den Koffer packen, begnügt sich das männliche Pendant mit gerade einmal 14 Kleidungsstücken.

Schon hier wird deutlich, dass es bei einem siebentägigen Aufenthalt in der Fremde anziehtechnisch wenig Alternativen geben dürfte. Zumal pro Tag nur zwei Kleidungsstücke mitreisen. Und ein genauer Blick zeigt, wo (der) Mann spart: An den Unterhosen.

Für die siebentägigen Ferien packt der gemeine Brite nur drei Unterhosen ein. Man könnte hier also von einer selbst gewählten künstlichen Unterhosen-Verknappung sprechen. 37 Prozent begründeten den Slip-Verzicht damit, am Urlaubsort ohnehin überwiegend in Badehose rumlaufen zu wollen, während zwölf Prozent angaben, bei Bedarf einen Schlüpfer mal kurz durchzuwaschen und über Nacht trocknen zu lassen.

Was sonst so alles in den Koffer kommt, ließ die Studie leider offen. Viel kann dies nicht sein. Zieht man drei Unterhosen und eine Badehose ab, bleiben gerade einmal noch zehn Teile übrig. Aus leidvoller Erfahrung wissen jedoch viele, dass, wenn ein Brite auf Reise geht, dieser gerne mal sein Gentleman-Image für ein paar Tage abstreift und stattdessen den Koffer voller Bierseeligkeit und Lärm packt. Wer braucht da noch Unterhosen?

Wunder-Clowns

Alles andere als lachhaft ist das, was Wissenschaftler der renommierten Universität im englischen Oxford herausgefunden haben, auch wenn sich deren Arbeit mit dem Lachen beschäftigt hat. Was zugegebenermaßen ein wenig lächerlich klingt. Fakt ist aber, das sClowns, die es schaffen, Patienten zum Lachen zu bringen, durchaus den Gesundungsprozess beschleunigen helfen. Denn im Rahmen einer groß angelegten Studie haben die Forscher aus dem Reich der Themsen-Ellie, wie die hoch betagte Königin gerne mal genannt wird, herausgefunden, dass chronisch Lungenkranke deutlich schneller gesunden, wenn ein Clown sie bespaßt, als diejenigen, die keinen Spaßmacher am Krankenbett haben. Und offenbar haben die professionellen Schelme mit ihren Auftritten noch andere positive Effekte.

Eine weitere Studie macht nämlich deutlich, dass nach einer künstlichen Befruchtung mehr als jede dritte Frau tatsächlich wunschgemäß schwanger wurde, nachdem sie von einem Clown bespaßt wurde. Diejenigen mit Kinderwunsch, die sich nicht parallel zur künstlichen Befruchtung einer Lachtherapie unterzogen, wären, und dies ist kein Witz, sondern das Ergebnisse besagter Studie, deutlich weniger häufig guter Hoffnung.

Was die Wissenschaftler bei der Veröffentlichung der Studie allerdings offen ließen, ist, wie die Bespaßung durch die Clowns wohl ausgesehen haben mag. Schließlich kann man darunter durchaus etwas anderes verstehen, als Grimassen schneiden und Witze erzählen...

Bettwäschenerotik

An dieser Stelle wollen wir nun mal mit einem Tabu brechen und uns dem Thema Sex widmen – oder besser gesagt, wie es dazu kommt. Dabei wollen wir nicht das Ausleben des Arterhaltungstriebs an sich hinterfragen, uns auch nicht in schmutzigen Details ergehen. Nein, wir wollen schlicht einmal etwas genauer hingucken, um zu erfahren, wie es ihm oder ihr gelingt, den Partner der Wahl ins Bett zu kriegen.

Womit wir eigentlich mittendrin im Thema sind. Denn das Bett selber spielt eine große Rolle. Dabei geht es weniger um die Größe und Form des Bettes, sondern um dessen Frischegrad. Dies zumindest legen die Ergebnisse einer groß angelegten Studie mit 2.000 Teilnehmern in Großbritannien nahe. Der erfolgreichste Schlüssel zum körperlichen Liebesglück ist nämlich nicht, wie viele vermuten könnten, Romantik im Schein von Kerzen, gepaart mit etwas Sekt und stimmungsvoller Musik. Auch vermeintliche heiße Unterwäsche erhöht nicht zwingend die Chance auf einen Liebesakt.

Nein, das Erfolgsrezept ist weit einfacher: saubere Bettwäsche. Am besten noch frisch aufgezogen. Das macht Appetit auf den Partner – und dies gleichermaßen bei Männern und Frauen. Mit anderen Worten, wer möchte, dass es im Bett mal wieder so richtig rund geht, sollte öfter mal die Waschmaschine anschmeißen.

Nun wollen wir naturgemäß an dieser Stelle keine schmutzige Wäsche waschen, aber wir haben diesbezüglich noch einen Tipp für liebeshungrige Frauen auf Lager: Männer verspüren gemäß besagter Studie die meisten Gelüste nicht beim Anblick nackter Haut oder irgendwelcher Pornofilme, nein, sie sehnen sich am meisten nach Sex, nachdem sie mit ihren Kumpeln um den Häuserblock gezogen sind und in der Kneipe ein paar Tässchen Bier geschlabbert haben. Wenn dann noch das Bett frisch bezogen ist, gibt es keinen Zweifel mehr, welche Form von Absacker er sich wünscht.

Und noch ein Tipp für die Frauen: Am besten lassen Sie ihn die Wäsche waschen und aufziehen. Denn gemäß der britischen Studie fühlt er sich besonders sexy, wenn er einer Tätigkeit nachkommt, die normalerweise nur geringen Raum in seinem Alltag einnimmt. Wenn er also ein bisschen gescheuert und gewienert hat, hält er sich für noch unwiderstehlicher als gewöhnlich. Dann muss er wahrscheinlich noch nicht mal mehr mit den Kumpeln in die Kneipe, bevor er ins frisch gemachte Bett hüpfen will.

Pfundige Hundepension

Über Hunde und deren Haltung scheint die Meinung gespalten. Einige verfluchen die kläffenden Vierbeiner nicht allein wegen ihrer unliebsamen Hinterlassenschaften auf den Bürgersteigen als Flohquasten. Für andere ist ein Hund irgendwie auch nur ein Mensch. Zwischen Halter und Bello menschelt es häufig sogar so sehr, dass sie Tisch und Bett – und oft auch den Teller teilen. Und als Zeichen der Zuneigung winkt dazu regelmäßig ein labberiges Küsschen mit feuchter Zunge und Nase. Dabei sind die Hunde nicht nur gute Gesellschafter und damit für die Seele gut, sondern auch gute Helfer des Menschen. Blinde und Sehbehinderte mögen ihre tierische Unterstützung ganz sicher nicht missen.

Auch im Rettungseinsatz, besonders bei der Suche nach Verschütteten, sind Hunde unentbehrlich. Bei der Polizei gilt der Schwanzwedler sowieso als wichtiger Freund und Helfer. Mit detektivischem Spürsinn spüren die vierbeinigen Spürnasen Drogen, Übeltäter und vieles mehr auf. Auch in Großbritannien unterstützen Hunde die Polizei bei ihrer Arbeit. Als Lohn für die Mühen winken dem Wuff im Normalfall lediglich Futter, ein paar Streicheleinheiten und warme Worte. Nicht so in der englischen Grafschaft Nottinghamshire. Dort erhalten Polizeihunde nun genau wie ihre menschlichen Kollegen nach dem Ausscheiden aus dem Polizeidenst eine Pension. Bis zu 500 Pfund, also umgerechnet knapp 600 Euro, erhält dort ein Bello pro Jahr an Rente.

Das Geld soll vornehmlich dazu dienen, etwaige medizinische Ausgaben nach dem Ausscheiden aus dem Polizeidienst zu decken. Frei nach eine Hundefutterwerbung könnte es daher in England heißen: Bleibt der Hund gesund, freut sich der Mensch. Vor allem wohl der Besitzer.

Es sei denn, er lässt den Wuff mit der Rentekasse machen, was er will. Dann dürfte so mancher stolze Rüde der Hündin seines Herzens wohl mit einem Strauß Mett-Enden oder einem Schüsselchen mit feinem Tartar die Aufwartung machen. Denn eines ist sicher: Selbst wenn sie aufs Altenteil abgeschoben werden, haben viele Hunde noch tierische Gelüste. Und was den Corgis der Queen recht ist, sollte den vierbeinigen Ordnungshütern ade nur billig sein.

Britische Sexflaute

Für manch einen ist es sicher unvorstellbar, doch Fakt ist, die Briten haben Sex. Dies wissen wir spätestens seit die ehemals bürgerliche Catherine „Kate" Middleton ihrem königlichen Thronfolger und Göttergatten Prinz William Arthur Philip Louis am 3. Dezember 2012 mit George Alexander Louis einen ersten, gefeierten Stammhalter gebar. Nun wollen wir an dieser Stelle natürlich kein Blick in das königliche Schlafzimmer werfen, geschweige denn bewerten, in wie weit der künftige König seinen ehelichen Pflichten nachkommt. Und doch dürfen wir ein wenig darüber spekulieren.

Gut, Königs sind sicher auch im Land der Angelsachsen nicht mit dem gemeinen Fußvolk gleichzusetzen. Nein, Königs heben sich vom Durchschnitt ab. Und dies vermutlich nicht nur wegen der Häuser, in denen sie wohnen, und wegen des Vermögens, über das sie dank der Abgaben der Untertanen verfügen.

Fakt ist, der gemeine Brite lebt dreimal im Monat seine sexuellen Gelüste aus. Ob dieser statistische Wert auch für Königs zutrifft, vermögen wir nicht zu beurteilen. Wir wissen aber dank einer Umfrage der britischen Zeitschrift Lancet, an der sich immerhin 15.000 Insulaner im Alter von 16 bis 74 Jahren beteiligten, dass der Sex in den britischen Betten auf dem Rückzug ist.

Während die meisten Studienteilnehmer zu Protokoll gaben, mindestens dreimal im Monat gewisse Höhepunkte mit dem Partner zu erleben, scheint der Zenit der britischen Liebeslust überschritten. Denn 1990 hatten die Untertanen von Elizabeth II. noch zweimal mehr pro Monat Sex.

Dafür hat sich, so ist der Studie weiter zu entnehmen, die Zahl der Sexpartner deutlich erhöht. Der Brite hat also weniger Sex mit mehr Partnern – vermutlich aber nicht gleichzeitig.

Zu lesen ist, dass sich die Zahl der Sexpartner bei Frauen in den letzten gut drei Jahrzehnten von vier auf acht verdoppelt hat, während die Männer im Mittel von dereinst neun Gespielinnen auf heute zwölf kommen. Und Studienleiterin Kaye Wellings liefert auch gleich eine Erklärung mit, warum die trinkfesten Westeuropäer heute deutlich weniger Sex hätten: Zum einen würden sie härter arbeiten als früher, zum anderen würden sie vermehrt ihre iPhones und iPads mit ins Bett nehmen. Und wir Deutschen dachten immer, nur Schokolade sei ein schlechter Sexersatz…

Frühstückshatz

Lange Zeit haben wir Europäer über die amerikanische Mentalität, im Gehen zu frühstücken, geschmunzelt. Mit einem Lächeln haben wir in Filmen oder bei einem Besuch des Landes auf der anderen Seite des großen Teichs zur Kenntnis genommen, wenn ganze Heerscharen von Amis sich auf dem Weg zur Arbeit mit einem Bagel und einem Kaffee im Pappbecher stärken. Doch längst hat das To-go-Zeitalter auch weite Teile Westeuropas flächendeckend erfasst. Insbesondere der Start in den Tag mit einem gemütlichen Frühstück scheint mehr und mehr aus der Mode zu kommen.

Im Rahmen einer Studie in Großbritannien wurde nun deutlich, dass wir unter der Woche im Schnitt gerade einmal drei Minuten und 15 Sekunden benötigen, um die erste Mahlzeit des Tages im Eiltempo zu verschlingen. Und dabei nehmen die wenigsten am Küchentisch Platz, sondern werfen ein Stück Brot ein und nippen am Kaffee, während sie durch die eigenen vier Wände flitzen, um sich für den Gang zur Arbeit fertig zu machen.

Fast 50 Prozent lassen sich beim Frühstück zudem vom Fernseher berieseln oder checken die Mails, die über Nacht in ihrem elektronischen Postfach eingetrudelt sind. Nur knapp ein Drittel frühstückt demnach noch in Ruhe am Tisch. Und während jeder Dritte sich die erste Tasse Kaffee des Tages im Bett gönnt, frühstücken immerhin fünf Prozent vor dem Spiegel im Bad, um sich gleichzeitig fertig machen zu können. Dabei muss es sich fast ausnahmslos um Frauen handeln, da die meisten Männer ihre Morgenwäsche ja auf eine Handvoll Wasser im Gesicht beschränken.

Generell wundert eigentlich, dass die Esskultur in dem gekachelten Raum mit der Nasszelle nur eine so geringe Popularität erfährt. Schließlich bietet das Frühstück vor dem Spiegel den Vorteil, mit nur einem Blick kontrollieren zu können, ob noch Speisereste an Mund, Wange oder zwischen den Zähnen hängen.

Unabhängig davon räumte jeder fünfte Brite im Rahmen der Studie ein, Teile seines Frühstücks mit auf den Weg zur Arbeit zu nehmen. Vermutlich liegt die Dunkelziffer hier noch höher. Denn beim Blick auf die morgendlichen Bürgersteige, in Busse und Bahnen lässt sich wirklich kaum unterscheiden, wer beim Bäcker oder am Kiosk seinen Kaffee erstanden oder ihn zu Hause selber abgefüllt hat.

Wichtig ist nur, im To-go-Zeitalter nicht ohne dampfenden Becher in der Hand gesehen zu werden. Denn der ist längst wie das Handy zum Statussymbol geworden. Und ohne geht man nun wirklich nicht mehr aus dem Haus. Höchstens zum Kiosk oder Bäcker, um den Mangel zu beheben.

Urlaub mit Gravur

Solche Nachrichten können körperbewusste Mitmenschen wirklich aus der Haut fahren lassen. Der subjektive Eindruck, dass Tätowierungen auf den britischen Inseln längst zum Chic gehören wie dereinst der Bowler-Hut und der Regenschirm wahrer Gentlemen in Nadelstreifen, findet nun objektive Bestätigung. Mehr und mehr Untertanen der dienstältesten Monarchin der Welt interpretieren ihren eigenen Körper als eine Art Kunstwerk – zumindest in Teilen. Davon zeugen Tätowierungen an allen möglichen direkt sichtbaren und zum Teil nicht immer sichtbaren Körperteilen. Wobei ein nicht unerheblicher Teil der Tattoos Mitbringsel aus dem Urlaub sind.

In einer Studie im Auftrage des Reiseportals Sunshine.co.uk zogen 1.790 Teilnehmer blank und gaben öffentlich ein Zeugnis ihres Hautbildes ab. 20 Prozent aller britischen Urlauber im Alter von 18 bis 25 Jahren kehren demnach mit einer Tätowierung aus dem Urlaub zurück.

Die mehr oder weniger kunstvollen Hautgravuren sollen vielleicht von der hemmungslos verbrannten Haut der Rothäute von der Insel ablenken. Schließlich weiß nicht nur jeder Mittelmeerurlauber, dass die Briten in den Ferienregionen leicht daran zu erkennen sind, dass sie nicht nur äußerst selten ins Glas spucken, sondern sich permanent ohne Schutz in die Sonnen legen und dass ihre Haut schnell mal die Farbe eines abgebrühten Hummers annimmt.

Vielleicht dient das Stechen eines Tattoos auch nur dazu, um sich selber von den Schmerzen des eigenen Sonnenbrandes abzulenken. Dies würde zumindest erklären, warum 67 Prozent nach der Rückkehr aus dem Urlaub, wünschten, sie hätten sich kein

Tattoo stechen lassen. Was natürlich auch daran liegen kann, dass der Sonnenbrand nachlässt und sie allmählich wieder nüchtern sind.

27 Prozent lassen sich übrigens den Namen oder das Konterfei eines Stars oder Sternchens auf die Haut malen, während sich 22 Prozent für einen schlauen Spruch begeistern und 16 Prozent für ein Herz. Dann doch lieber ein kitschiges Souvenir aus Porzellan oder ein billiges Ich-war-hier-T-Shirt. Die kann man wenigstens im Schrank verschwinden lassen. So ein Tattoo aber ist und bleibt eine besondere Urlaubserinnerung, noch dazu, eine, die unter die Haut geht.

Parteiübergreifend

Selbst auf die Gefahr hin, dass es manch einen überraschen dürfte, soll an dieser Stelle darauf hingewiesen werden, dass Politiker auch nur Menschen sind. „Und was für welche!", mag nun manch einer entsetzt ausrufen wollen. Schließlich genießen die Parteisoldaten ob ihrer Vorliebe, die vollmundigen Wahlversprechen schneller wieder erfolgreich verdrängen zu können, als das Stimmvieh ein Kreuzchen auf den Wahlzettel macht, nicht gerade den besten Ruf. Zumal dem einen oder anderen Volksvertreter nachgesagt wird, er würde weniger das Volk als seine eigenen Interessen vertreten.

Was vielleicht ein bisschen auch erklärt, warum allenthalben von einer Politikverdrossenheit die Rede ist. Die Partei verlieren chronisch an Mitgliedern. Auch um den eigenen Politnachwuchs muss sich die eine oder andere Partei vor allem auf kommunaler Ebene sorgen, weil es immer schwieriger wird, Kandidaten zu finden. Vielleicht sind es gerade diese Nachwuchssorgen, die britische Parlamentarier dazu animieren, sich verstärkt im Internet dem Thema Nachwuchszeugung oder besser gesagt dem eigentlichen Akt der Nachwuchszeugung zu widmen.

Fakt ist, allein binnen drei Monaten wurde von Computern des britischen Parlaments aus rund 300.000 Mal versucht, auf Internetseiten mit pornografischen Inhalten zuzugreifen. Was natürlich nichts mit etwaigen Gelüsten der britischen Politiker zu tun hat. Vermutlich geschah all dies im Bemühen, sich zum Wohle des Volkes ein genaues Bild darüber zu machen, welche Schmudedelangebote problemlos im Internet abgerufen werden können, was als jugendgefährdend eingestuft werden müsste und welche Webangebote auf den Index oder gar komplett verboten gehören.

Sich selber durch Pornoseiten zu quälen, um andere vor dem Schund und Schmutz zu bewahren, ist natürlich vorbildlich und selbstlos. Angesichts der großen Zugriffszahlen liegt die Vermutung nahe, dass es sich hier um eine gemeinsame parlamentarische und parteiübergreifende Initiative handelt.

Eine Form der engen Zusammenarbeit, die das Volk sonst nur kennt, wenn es mal wieder um Diäten-Erhöhungen für die Politiker geht. Und wofür diese das Geld benötigen, scheint auch klar: Für Hotelzimmer, Champagner, Duftwässerchen, Pralinen und Rosen. Oder warum sonst haben die britischen Politprofis binnen sechs Monaten zusätzlich von ihren Dienstcomputern aus stolze 52.000 Mal die Webauftritte von Seitensprungportalen aufgerufen? Aber vielleicht tut man ihnen auch hier unrecht uns sie wollten nur gucken, ob etwa einer ihrer vermeintlich treuen Bekannten oder Nachbarn sich dort tummelt.

Kleine Weltauswahl

Zugegeben, ein Blick auf den illustren Kader mutet wie ein Blick in das „Who is who" des internationalen Spitzenfußballs an – allerdings wie ein „Who is who" der letzten Jahrzehnte. Zum Aufgebot gehört selbstverständig der mehrmalige Weltfußballer Lionel Messi. Auch David Beckham ist dabei. Und Pelè. Ja, Pelé, der famose Kicker aus den 1960er und 1970er Jahren. Aber warum auch nicht? Schließlich fehlt auch Franz Beckenbauer nicht.

Und klar, wenn Diego Maradona dabei ist, darf Lothar Matthäus natürlich nicht fehlen. Quartalssäufer Paul Gascoigne und der frühere englische Goalgetter Gary Lineker wollen es scheinbar ebenfalls noch einmal wissen.

Vielleicht liegt es an der ungewöhnlichen Trainerkonstellation. Denn José Mourinho und Manchesters Trainerlegende Sir Alex Ferguson stehen gemeinsam als Verantwortliche am Spielfeldrand. Ja, da schnalzt der gemeine Fußballfreund mit der Zunge und wirft einen neidischen Blick auf den englischen Sechstligisten FC Farnborough, der scheinbar Großes vor hat.

Hat hier etwa ein Scheich oder ein russischer Ölmagnat seine reich mit Gold gefüllte Schatulle geöffnet, um das 60.000-Seelen-Nest mit Macht auf die Weltkarte des Fußballs zu katapultieren? Und wenn ja, warum wurden all die Exstars, die teilweise sogar bereits im Rentenalter sind, noch einmal reaktiviert? Sogar Tote wurden scheinbar wieder ausgegraben. Denn auch Nordirlands 2005 verstorbener Fußballheld George Best schnürt nun wieder für den FC Farnborough die Stollenschuhe.

Doch keine Angst, hier wurde weder ein Jungbrunnen erfunden, noch ein Goldesel entdeckt. Im Gegenteil, der sechstklassige Klub ist mit einem Schuldenberg von mehr zwei Millionen Euro vom Konkurs bedroht. Und so ergriffen die Verantwortlichen gemeinsam mit einem Wettanbieter die Flucht nach vorne. Mit prominenten Namen auf den Trikots der Spieler sollen nicht nur mehr Zuschauer ins Stadion gelockt, sondern auch potenzielle Geldgeber geworben werden.

Der Werbefeldzug in eigener Sache ist übrigens im Vereinigten Königreich relativ günstig zu haben. Für schlappe 35 Euro kann sich ein jeder einen Künstlernamen zulegen und für umgerechnet 82 Euro sogar in den Pass eintragen lassen. Billiger und einfacher wird man wohl nicht zum Weltstar. Obschon zu befürchten ist, dass Geld und große Namen nicht automatisch Tore schießen.

Nachwuchs-Jamie-Olivers

Obschon es nirgendwo auf der Welt eine höhere Konzentration von Sterne-Restaurants als in London gibt, gilt das britische Königreich eher als kulinarisches Niemandsland. Mit lukullischen Genüssen wird das, was die Küchen der Untertanen ihrer Majestät, der Themsen-Elizabeth, verlässt, nicht unbedingt gleichgesetzt. Was an der Dominanz des Frittierten und Gebratenen auf den Tellern der Inselnation liegen mag.

Auch sind Speisen wie Lammfleisch mit Minzsauce oder Haggis, ein mit Innereien gefüllten Schafsmagen, wie ihn die Schotten mögen, nicht unbedingt jedermanns Sache. Kaum verwunderlich daher, dass die britische Küche, die so interessante Gaumenfreuden wie frittierte Mars-Riegel hervorbrachte, insbesondere von Ausländern mit Argwohn betrachtet wird.

Aber auch der eigene Nachwuchs hadert offenbar mit dem, was bei den Briten als Essbar eingestuft wird. Diesen Verdacht lassen zumindest die Ergebnisse einer Umfrage unter 27.500 britischen Grundschülern zu. Demnach sind ein Drittel der potenziellen Nachwuchs-Jamie-Olivers davon überzeugt, dass Käse aus Pflanzen gemacht wird. Was ja nicht völlig verkehrt ist. Schließlich ist es überwiegend Gras, das in die Kuh hineingemümmelt wird, bevor Milch als Käserohstoff herauskommt.

Bedenklicher scheint hingegen die Annahme von 33 Prozent der Abc-Schützlinge, dass Nudeln von Tieren stammen würden. Okay, die Eier, die zumeist bei der Herstellung Verwendung finden, wurden von Hühnern gelegt. Und natürlich gibt es auch zahllose spaghetti-ähnliche Tiere wie Würmer und Schlangen. Daraus jedoch den Schluss zu ziehen, die italienischen Teigwaren seien tierischen Ursprungs, scheint doch weit hergeholt.

Wie sehr die künftigen Steuerzahler von der Insel kulinarisch im Dunkeln tappen, wird auch aufgrund der Tatsache deutlich, dass 18 Prozent annehmen, Fischstäbchen würden aus Hühnerfleisch hergestellt. Was vermutlich der Tatsache geschuldet ist, das Chicken Nuggets den länglichen, zu Quadern gepressten Fischteilen optisch ein wenig ähneln.

Zudem sind viele bei beiden unsicher, was sich genau unter der Panade verbirgt. Und da 21 Prozent der kleinen Schüler noch nie auf einem Bauernhof waren, wissen sie vermutlich auch nicht, dass Hühner gar nicht schwimmen können. Es sei denn, sie landen gerupft im Suppentopf.

Flatulenzantrieb

Über die Düfte, die unsere Darmtätigkeit, freisetzt, hüllen wir normalerweise lieber den Mantel des Schweigens. Und diejenigen, die ein Bad benutzen müssen, in denen kurz zuvor selbige Tätigkeit ausgeübt wurde, halten den Mantel lieber vor Mund und Nase. Die eigene Duftnote ist oft gerade noch im Toleranzbereich, die der anderen hingegen ist schlicht unerträglich und verschlägt einem unweigerlich den Atem.

Dabei könnte es sein, dass wir schon bald durch Wolken mit menschlichen Abgasen stapfen müssen. Und dies alles im Namen des Umweltschutzes. Die Wissenschaft arbeitet nämlich derzeit daran, mit Hilfe von menschlichen Darmbakterien einen Kraftstoff für unsere Autos herzustellen. Forschern an der Universität im südenglischen Exeter ist es nämlich in Laborversuchen gelungen, Escherichia-coli-Bakterien, die sowohl in menschlichen als auch in tierischen Körpern vorkommen, in Kohlenwasserstoff umzuwandeln, der chemisch mit dem des Diesel-Kraftstoffs identisch ist.

Dies kommt dem Ritterschlag für jeden Pups, der einem entfleuchen mag, gleich. Der menschliche Auspuff könnte so entscheidend dazu beitragen, dass all das, was der Auspuff des Autos so in die Luft bläst, künftig deutlich weniger Treibhausgas enthält. Betreiber von Kläranlagen wittern mit Blick auf mögliche neue Einnahmequellen Morgenluft mit Morgenduft.

Die Heerschar der Bauern, die Bohnen auf ihrer Scholle kultivieren, dürfte sich schon jetzt ob der Verdienstmöglichkeiten die Hände reiben. In Gartenbaumärkten dürften bald Samen und Setzlinge für Bohnen zur Mangelware werden. Auch auf andere Hülsenfrüchte wie Erbsen und Erdnüsse, sowie auf Kohl, Sauerkraut und Zwiebeln dürfte es einen gewissen Run geben. Der Mensch könnte so zu seiner eigenen, mobilen Tankstelle für sein Auto werden.

Und das Beste: Eine entsprechende Technik vorausgesetzt, müssten wir nicht mal mehr zum Tanken anhalten. Wir könnten direkt über einem im Fahrersitz eingebauten Filter für neuen Kraftstoff sorgen. Sogar die Mitfahrer könnten das Ihre dazu beitragen. Und schon wäre es vielen pupsegal, wenn es während der Fahrt mal wieder unvermittelt ein wenig müffelt.

Luftpostpizza

Nicht zuletzt dank des Skandals um den „Euro Hawk" und der Diskussion darüber, ob die Bundeswehr auf den Zug aufspringen müsste, sind Drohnen derzeit in aller Munde. Dabei sind die ferngelenkten Flugobjekte auch das Ziel eines ganz anderen Projektes. Dieses dient nicht der Überwachung und Sicherheit, sondern soll gezielt eingesetzt werden, um hungrige Mäuler anzufliegen. Also, nicht um mit diesen zu kollidieren, sondern um schnellst möglich Futter zu ihnen befördern.

Dabei handelt es sich nicht um eine Art moderne Rosinenbomber, die dann wie weiland bei der Luftbrücke über dem Nachkriegs-Berlin Carepakete abwerfen. Vielmehr sind die Drohnen mit dem schönen Namen „DomiCopter" eine neuartige Form des Lieferservices. Das Wortgebilde setzt sich zusammen aus der englischen Abwandlung von Helikopter und dem Namen der Pizzakette Domino's. Der in zahlreichen Ländern weltweit vertretene Mafiatortenbereiter will seine belegten Teigladen bei Anruf künftig noch schneller zu den hungrigen Kunden liefern.

Daher testete das Unternehmen in England eine Pizza-Zustell-Drohne. Der gemeine Pizzabote wird bekanntlich insbesondere in Ballungsräumen und großen Städten immer wieder mit der georderten Pizza von roten Ampeln aufgehalten, von Tempolimits ausgebremst und von Staus zu ungewollten Stopps gezwungen. Was nicht selten zur Folge hat, dass die Pizza trotz wärmender Umverpackung bereits kalt ist, wenn der Zusteller an der Tür klingelt.

Die unbemannten Luftfahrzeuge der Pizzakette könnten dieses Problem nun lösen. Bei ersten Testflügen zeigte sich, dass die ferngesteuerten Domicopter für knapp 6,5 Kilometer schlappe zehn Minuten benötigen. Da vergeht die Zeit zwischen der Pizza-Bestellung und -Lieferung quasi wie im Flug. Eine gesonderte Start- und Landeerlaubnis benötigt der Domicopter nicht, da er kaum höher als 120 Meter in die Lüfte steigen kann. Somit könnte die Pizza-Lieferung schon bald zur Luftpost werden.

Sollte das Beispiel Schule machen, könnten sicherlich auch in anderen Bereichen Lieferungen frei Haus durch die Lüfte erfolgen. Allerdings stünde dann zu befürchten, dass es eng wird im Luftraum über unseren Häuptern. Wenn Hunderte von Drohnen gleichzeitig unterwegs sind, dürfte schnell klar werden, warum ihr Name so nahe an „dröhnen" angelehnt ist.

Handyschaden

Der amerikanische Satiriker Ambrose Gwinnett Bierce sagte einmal: „Versicherung ist ein geniales modernes Glücksspiel, bei dem sich der Spieler der angenehmen Überzeugung hingeben darf, den Mann, der die Bank hält, zu schlagen." Eine Feststellung die zwar mittlerweile gut einhundert Jahre alt ist, aber kaum etwas an Aktualität eingebüßt hat.

Davon zeugt sicher auch die eine oder andere Schadensmeldung, die beim britischen Handyversicherer MobileInsurance.co.uk eingegangen ist. Da beschwerte sich beispielsweise eine Dame aus Bristol, dass die Vibrationsfunktion ihres Handys den Geist aufgegeben hätte, während sie das gute Teil als ein Erwachsenenspielzeug zu nutzen versuchte. Was in der Tat irgendwie unbefriedigend ist.

Eher alltäglich wirkte da schon die Schadensmeldung eines Bauarbeiters, dem sein Handy aus der Hosentasche fiel, als er versuchte, sich auf die Toilette zu setzen. Derweil gab eine 30-jährige an, ihr sei der sprechende Knochen von einer dreisten Möwe entwendet worden, als sie mit ihrem Hund an einem Strand in Wales spazieren ging.

Während dies ein wenig nach eine flugs erdachten Ausrede klingt, ist die Schuldfrage in einem anderen Fall eindeutig: Eine junge Dame hatte nämlich ihr Smartphone nach ihrem Freund geworfen, nachdem sie herausfand, dass er sie betrogen hatte Wahrscheinlich vor Aufregung oder aufgrund einer genetisch verursachten Zielungenauigkeit verfehlte die Gehörnte ihren Amor auf Abwegen und das Telefon zerschellte an der Wand.

Derweil unterzog eine Frau aus Nottingham ihr Handy eher unfreiwillig einem Hitzetest. Sie hatten eine Geburtstagskuchen für ihre Tochter gebacken und nicht bemerkt, wie ihr Handy in den Teig fiel. Die Temperatur im Gasofen war dann für das Telefon wohl doch etwas zu hoch, was zu einer hitzigen Debatte mit dem Versicherer führte.

Eine ganz kuh-le Geschichte vermochte auch ein Bauer aus Devon zu berichten. Das mobile Telefon des Landwirts war im Inneren einer Kuh verschwunden, nachdem er das Handy als Taschenlampe genutzt hatte, während er dem Eutervieh beim Kalben helfen wollte. Ehrlicherweise räumte der Farmer gegenüber der Versicherung ein, dass sein Handy später aus der Kuh wieder heraus kam, dabei aber irgendwie ganz schön beschis··· aussah.

Sprachenwachstum

Um Blumen sprechen zu lassen, ist es durchaus sinnvoll, vorher mit den Blumen zu sprechen. Dann nämlich wachsen die Pflanzen deutlich stärker und entfalten noch mehr von ihrer Pracht. Nun fragen sich viele, die von Mutter Natur nicht mit einem grünen Daumen gesegnet sind, was sie dem Grünzeug denn so sagen sollen? Interessiert junge Triebe was man so den ganzen Tag im Büro getrieben hat? Oder möchten zarte Knospen lieber etwas über junge Liebe hören?

Neue Studien aus Großbritannien legen zumindest jetzt den Schluss nahe, dass es egal ist, was man seinen Pflanzen so erzählt. Entscheidender ist, mit welchem Akzent das ganze rübergebracht wird. Chris Bonnett, Pflanzenzüchter aus dem englischen Essex, will in einer Studie mit 100 Pflanzenarten herausgefunden haben, dass das Wachstum der Pflanzen am positivsten durch einen Geordie-Dialekt beeinflusst wird.

Die Pflanzen, die täglich mit der Mundart aus der Region rund um das nordenglische Newcastle-upon-Tyne beschallt wurden, sprossen messbar rund zehn Prozent mehr als andere Pflanzen. Ein Ergebnis, das in zehn unterschiedlichen Testreihen nachhaltige Bestätigung fand. Nun ist es den meisten Deutschen nicht vergönnt, wie ein Geordie zu reden. Viele wissen noch nicht einmal, wie sich dies anhört. Ob es stattdessen auch Sächsisch oder Bayerisch tut, blieb im Rahmen der Studie offen.

Auch weil Bonnett sein Grünzeug ausschließlich mit englischsprachigen Dialekten beschallte. Acht aus Großbritannien und je einem aus den USA und Australien. Nun hat sich Bonnett nicht mit seinen Mitarbeitern stundenlang vor die Rabatte gesetzt, sondern diesen einfach DVDs mit Seifenopern und CDs mit der Musik regionaler Künstler vorgespielt. Das frisst Strom und ist nicht unbedingt umweltfreundlich.

Andererseits gibt es sicher nicht so viele Wirtschaftszweige, die gleich zehn Prozent mehr Wachstum vermelden können. Für Züchter Bonnett scheint die Rechnung jedenfalls aufzugehen. Ob diese Methode sich für Hobbygärtner allerdings lohnt, blieb offen, zumal es den meisten Pflanzsüchtigen aus unseren Gefilden schwerer fallen dürfte, statt Pferdemist oder Dünger die richtigen Filme oder Songs aus dem Land der Angelsachsen zu besorgen. Außerdem müssen Tomaten ja nicht unbedingt die Größe einer Wassermelone haben. Kleine schmecken manchmal auch.

Streitauslöser

Streit kommt bekanntlich in der besten Familie vor. Sogar viel häufiger, als man gemeinhin denkt. Gemäß einer Studie mit 2.000 Teilnehmern des Benhealth Magazines in Großbritannien haben sich die Ehepartner – und auch solche, die ohne Trauschein in wilder Ehe unter einem gemeinsamen Dach hausen – im Schnitt viermal pro Woche mächtig in den Haaren. Wobei Stress und ein übergroßes Arbeitsvolumen die häufigsten Ursachen für häusliche Meinungsverschiedenheiten sind.

Dabei sind es häufig belanglose Kleinigkeiten, die den stressgeplagten Partner dazu nötigen, zu Hause einfach mal aus der Haut zu fahren, obwohl der Grund tatsächlich in der Belastung und dem Druck im Büro liegt. Dies zumindest räumten sechs von zehn Studienteilnehmern freimütig ein. Der dritthäufigste Grund für Streitigkeiten sind finanzielle Sorgen gefolgt von Schlafmangel. Wobei das Erstere durchaus das Letztere bedingen kann.

Unter die Top 10 der Streitauslöser schaffte es auch die körperliche Fülle des Partners, vor allem dann, wenn er oder sie sich figürlich mehr und mehr an das Michelin-Männchen (oder -frauchen) aus der Fernsehwerbung annähert. Platz 6 in der Negativhitliste belegt das tägliche Pendeln zur Arbeit, das mitunter überaus kostenintensiv sein kann und vor allem viel Zeit frisst, die wiederum von der eigenen Freizeit abgeht.

Für dicke Luft sorgen immer wieder auch die Ernährungsgewohnheiten des Partners sowie das Tun und Lassen der eigenen Kinder. Immerhin auf Platz 9 der Streitauslöser schaffte es das eigene Sexualleben beziehungsweise das nicht oder nur kaum vorhandene eigene Sexualleben, während Grund Nummer 10 der eigene Partner ist. Und hier insbesondere das Engagement, wenn es darum geht, die eigenen vier Wände auf Vordermann zu bringen, die Wäsche zu waschen oder einzukaufen.

Womit eigentlich bewiesen ist, dass die Frau, die mir die Welt erklärt, mit mir einen absoluten Glücksgriff getan hat. Denn ich lasse mich von dem bisschen Arbeit nicht stressen, hole mir im Büro sowie in Bus und Bahn genügend Schlaf, um völlig ausgeglichen zu sein. Zudem habe ich mit einigen Abstrichen an Hüfte und Bauch eine absolute Traumfigur, ernähere mich auch schon mal gesund, habe den süßesten Sohn der Welt und stehe im Haushalt nicht im Weg herum.

Telefonus interruptus

Früher zeigte der geneigte Prahlhans nicht ohne Stolz Bilder von seinem Haus, seiner Yacht und seiner Pferdepflegerin. Natürlich fehlte bei dieser Präsentation der weltlichen Güter auch der auf Hochglanz polierte und PS-starke fahrbare Untersatz nicht. Doch inzwischen hat das Auto als Statussymbol an Bedeutung verloren. Stattdessen bergen unsere teuren Mobiltelefone und deren Ausstattung das Zeug für die kleine Angeberei zwischendurch.

Was durchaus verständlich ist. Denn so einen sprechenden Knochen kann man überall mit hinnehmen, während Autos oft noch nicht einmal durch die Haustür passen. Und auf dem Handy lassen sich zudem mühelos Bilder vom eigenen Haus, der eigenen Yacht und der eigenen Pferdepflegerin speichern.

Keine Frage, ohne Mobiltelefon ist man heutzutage nur ein halber Mensch. Das moderne Kommunikationsgerät ist unser Draht zur Außenwelt. Ein so wichtiger, dass viele glauben, ein Leben hart am Limit zu führen, sobald der Akku ihres Handys nur noch vier Prozent Leistung aufweist. Schließlich bieten insbesondere Smartphones und die darauf installierten Apps unzählige Möglichkeiten, sich und über sich zu informieren. Und dies rund um die Uhr und (nahezu) überall. Daher muss, wer in sein will, immer und überall erreichbar sein.

Diesen Eindruck bestätigte jetzt auch eine Studie mit 2.000 Teilnehmern im Auftrag von Vodafone. Dabei nahm der Mobilfunkanbieter das moderne Telefonverhalten unserer britischen Nachbarn genauer unter die Lupe und förderte Erstaunliches ans Tageslicht: So gab jeder Dritte zu Protokoll, dass es völlig okay sei, Telefongespräche während der Ausübung ehelicher Pflichten entgegen zu nehmen. Quasi ein Art Telefonus interruptus.

Für 51 Prozent spricht auch durchaus nichts dagegen, während der Hochzeitszeremonie das Telefon zu beantworten. Es könnte ja wichtig sein. Zum Beispiel eine ehemalige Liebschaft, die/der sich selber noch einmal ins Gespräch bringen möchte, bevor vor den Augen des Standesbeamten das Lebenslänglich bejaht wird. Wobei wir alle aus der Justiz und der Ehe wissen, dass lebenslänglich schon nach ein paar Jahren verjährt sein kann.

Unabhängig davon zögern 54 Prozent nicht, während des Essens zu telefonieren. Sogar Anrufe auf der Toilette entgegen zu nehmen, ist für 57 Prozent kein tabu. Wobei es sich hierbei vermutlich nicht um den (An-) Ruf der Natur handelt. Andererseits erklärt dies zumindest, warum in Großbritannien jährlich 855.000 Handys in der Toilette landen. Was an der ungeschickten Handhabung oder einfach an einer Sche...nachricht gelegen haben könnte.

Schlafräuber

Rein statistisch gesehen, verbringt ein jeder Mensch gut ein Drittel seines Lebens im Bett. In der Regel, um sich auszuruhen und um im Schlaf Kraft zu tanken für die Herausforderungen des kommenden Tages. Doch offensichtlich ist es uns nicht vergönnt, vernünftig durchzuschlafen. Gemäß einer Studie im Auftrag der britischen Hotelkette Premier Inn, in deren Rahmen die Schlafgewohnheiten von 4.000 Bewohnern des Vereinten Königreichs unter die Lupe genommen wurden, erleidet ein jeder im Laufe seines Lebens stolze 12.584 schlaflose Nächte oder zumindest Nächte, in denen der Schlaf unterbrochen wurde.

Im Mittel wacht demnach jeder Erwachsene in wenigstens vier Nächten pro Woche zweimal auf. Fünf Prozent der Schlafsuchenden werden sogar jede Nacht bis zu fünfmal aus dem Reich der Träume gerissen. Hauptgrund ist der Lockruf der Natur. Mit schweren Lidern schleppen sich die so Gepeinigten dann zur Toilette, wo der kalte Klodeckel sie noch wacher macht, als sie es ohnehin schon sind.

Zweithäufigste Ursache für die Schlafunterbrechung ist – so die Botschaft aus Großbritannien – das Schnarchen des Partners gefolgt vom Regen, der lautstark an die Scheibe prasselt. Und davon gibt es ja im Reich der Angelsachsen reichlich. Je nach Häufigkeit der Schlafunterbrechung sinken am nächsten Tag die Laune, die Konzentrationsfähigkeit und die Produktivität bei dem Heer der Aufgeweckten.

Was sicher wenig überrascht. Ebenso wie die Tatsache, dass eine Hotelkette, deren Hauptgeschäft die Vermietung von Schlafstätten ist, unter die Bettdecken anderer lugt, um etwas mehr über etwaige Schlafgewohnheiten zu erfahren.

Erstaunlich ist nur, dass bei der Studie nirgendwo auch nur mit einem Wörtchen erwähnt ist, ob die Gäste in den Häusern von Premier Inn wie in Abrahams Schoß nächtigen oder hier auch immer wieder aufwachen. Wahrscheinlich hatte die Hotelkette Angst, dass der selbst gepriesene Schlafkomfort in Frage gestellt wird. Bei so viel drohender Antiwerbung schaut man doch lieber auf fremder Leute Betten. Was irgendwie eine aufgeweckte Idee ist.

Trennungsgeld

Es soll gehörnte Ehefrauen geben, die dem Ende ihrer Ehe mit Zweckoptimismus und einer gehörigen Portion Humor begegnen. So ließ uns jüngst eine gute Freundin wissen, nachdem ihre bessere Hälfte mit einer anderen anbändelte: „Wisst ihr, ich bin eine gute Haushälterin – bei einer Trennung behalte ich das Haus." Nun ja, nicht jeder vermag der Trennung von einem langjährigen Partner eine positive Seite abgewinnen.

Und so schmerzhaft es auch sein mag, nach Jahren der Gemeinsamkeit getrennte Wege zu gehen, so kommt es doch immer wieder vor, dass Paare sich auseinander leben. Unabhängig von dem dann oft folgenden Streit über Besitztümer und materielle Dinge, nutzen offensichtlich vor allem die Frauen den Schlussstrich unter der eigenen Beziehung, um sich optisch neu zu erfinden. Und dies lassen sich die Damen einiges kosten.

Gemäß einer Studie im Auftrag von Superdrug, einer Drogeriekette aus Großbritannien, an der sich 2.000 Frauen, die von ihrem Partner verlassen wurden, beteiligten, investiert jede der holden Schönheiten im Schnitt umgerechnet 570,83

Euro in ein neues Erscheinungsbild. Eine Ausgabe, die als Trostpflaster und Chance begriffen wird.

So investiert jede Verlassene allein 105 Euro in eine neue Frisur und Haarfarbe sowie 45 Euro in Bräunungscremes und weitere 70 Euro in neues Make-up. Maniküre und Pediküre lassen sich die Damen 59 Euro kosten. Außerdem werden im Mittel 141 Euro für neue Klamotten sowie 70 Euro für neue Schuhe ausgegeben. Zusätzlich können sich die Damen für knapp 94 Euro Trainingseinheiten in einem Fitnessstudio.

Alles Ausgaben, die nach Einschätzung von gut 75 Prozent der Studienteilnehmerinnen jeden einzelnen Cent absolut wert waren und viel zu einem neuen Selbstwertgefühl beigetragen haben.

Verlassene Männer haben all dies natürlich nicht nötig. Selbst mit viel Geld ließe sich aus der Halbglatze nicht mehr Frisur herausholen. Schminken tun sie sich sowieso nicht und der Konfirmationsanzug passt nicht nur immer noch, sondern sieht auch nach Jahrzehnten noch tadellos aus.

Hörerlebnis

Geräusch ist nicht gleich Geräusch. Was der eine als Krach empfindet, mag für den anderen ein wohlklingender Ton sein. Was auch daran liegen mag, dass wir unterschiedliche feine Gehöre haben. Einige hören förmlich das Gras wachsen, andere haben eine selektive Wahrnehmung und hören nur das, was sie hören wollen, und wiederum andere leiden unter einer altersbedingten Schwerhörigkeit. Die – wenn man den ständiger Üshe-Üshe-Sound in Bus und Bahn im Ohr hat – zumindest von Jugendlichen mit Kopfhörern, aus denen überlaute Musik dringt, mitunter selbst heraufbeschworen wird.

Natürlich gibt es auch Geräusche, die bei uns ein gewisses Wohlgefallen auslösen. Unsere britischen Nachbarn jedenfalls haben im Rahmen einer Studie mit 2.000 Teilnehmern ihre absoluten Lieblingsgeräusche ermittelt. Und die Ergebnisse lassen uns kollektiv aufhorchen: Zum populärsten Geräusch wurde das Schwappen von Wellen gegen einen Felsen gekürt.

Platz 2 ging an Regen, der an die Scheibe prasselt. Ein Ton, an den die Briten ja bestens gewöhnt sind, wird doch jeder Insulaner dem Vernehmen nach mit einer Wachsjacke an, Gummistiefeln an den Füßen und einem Regenschirm in der Hand geboren. Rang 3 ging an das Knirschen des Schnees beim Gehen gefolgt von lachenden Babys, zwitschernden Vögeln und das Knacken des Holzes im Kaminfeuer. Platz 7 ging an das Lachen unserer Mitmenschen, wobei man hier wohlfeil unterscheiden sollte, ob dies einem gewissen Amüsement geschuldet ist oder ob dies eher ein aus- als ein anlachen ist.

Für große Entzückung sorgen auch knisterndes Laub unter unseren Schuhen und das zufriedene Schnurren einer Katze. In die Top 20 schafften es unter anderem auch der brutzelnde Speck in der Pfanne, knallende Korken und das Eingießen eines leckeren Weines in ein Glas.

Allesamt Aktivitäten, die bei Bedarf ruhig mehrmals hintereinander wiederholt werden können. Nicht etwa, weil man dem Alkohol zuspricht, sondern weil man sich nicht sicher ist, ob man richtig gehört hat. Schließlich ist es in solchen Fällen besser, noch einmal höflich nachzufassen. Das verlangt schon die gute Erziehung. So werden Bier, Wein, Sekt und Champagner zu einem wahren Hörerlebnis. In diesem Sinne, Ohren auf!

Der Froschprinz

Eigentlich müsste er chronisch Bleischuhe tragen, damit er bei einen plötzlich auftretenden Windböe nicht einfach abhebt. Keine Frage, seine Horchlappen habe die Größe von Elefantenohren. Nur, dass dieser Dumbo zwei Beine hat und nicht in der afrikanischen Steppe, sondern in Großbritannien zu Hause ist. Von seinen Landesleuten wird er in Anlehnung an das Äußere seines Hörorgans gerne mal „Öhrchen" genannt – auch wenn er dies sicher nicht gerne hört. Dafür hört er brav auf seine Mutter und avanciert als Sohn der dienstältesten Monarchin der Welt zum dienstältesten Thronanwärter im Wartestand.

Und als ob all dies nicht genug sei, wird auch Camilla, die Frau, die ihm die Welt erklärt, in Karikaturen gerne mit einem Pferdegebiss dargestellt. Eine überdimensionierte Kauleiste und riesige Ohren sind also die markanten Kennzeichen der beiden berühmten Mitglieder aus dem Hause Mountbatten-Windsor.

Während sich die Duchess of Cornwall auch Vergleiche mit einem Pitbull gefallen lassen muss, wurde Prinz Charles eine besondere Ehre zu Teil. Nach dem Prince of Wales, der in einer Sendung des Fernsehsenders BBC den Wetterfrosch mimte, benannte die Umweltschutzgruppe Amphibian Ark nämlich eine neu entdeckte Froschart aus Ecuador.

Ob dies mit besagtem TV-Auftritt des britischen Thronfolgers zu tun hat, bleib allerdings unklar. Zumindest offiziell hieß es, mit der Namensnennung solle Charles für seinen Einsatz im Kampf um den Erhalt des tropischen Regenwalds geehrt werden. Andere glauben eher, das liege an dem Gequarke, dass der künftige König ständig absondert.

Vielleicht hat der Hyloscirtus princecharlesi, über den selbst Forscher bislang nur wenig wissen, aber auch ähnlich große Ohren wie der Blaublütige mit Wohnsitz im Londoner Clarence House. Vielleicht ist die Geste der Namengeber überdies symbolisch für die überschuldeten Briten zu verstehen. Denn denen wird nachgesagt, sie würden gerne große Sprünge machen und daher verzweifelt auf Mücken warten.

Mahlzeiten-Exitus

Die Zeiten ändern sich. Und mit ihnen die Essgewohnheiten. Die klassische Dreiteilung von Frühstück, Mittag- und Abendessen avanciert zunehmend zu einer vom Aussterben bedrohten Gewohnheit. Schuld sind häufig vor allem Stress, Hektik und die zahlreichen Verpflichtungen des Alltags. Mehr und mehr Leute haben ihren Kaffee auf, bevor sie ihn überhaupt getrunken haben. Diesen Schluss lässt zumindest eine Studie mit 2.000 Teilnehmern im Auftrag des Krankenversicherers Benenden Healthcare aus Großbritannien zu.

Demnach gönnt sich die Mehrheit lediglich noch maximal zwei richtige Mahlzeiten pro Tag. Mehr als jeder Zweite verzichtet komplett auf das Frühstück. Die meisten aus Zeitgründen. Sie bleiben morgens lieber länger liegen, während jeder Fünfte vorgibt, morgens nie hungrig zu sein. Immerhin 25 Prozent aller Studienteilnehmer gaben an, in Zeiten von Fastfood und kleinen Snacks nicht mehr als zwei gekochte Mahlzeiten pro Woche zu sich zu nehmen.

Und während einige dazu neigen kontinuierlich über den Tag verteilt etwas zu knabbern, setzten sich immer weniger Leute gemeinsam mit anderen an einen Tisch, um zu essen. Wobei 20 Prozent sehr wohl am Tisch essen, allerdings an ihrem Schreibtisch – noch dazu während sie arbeiten und natürlich allein. Somit sind nicht nur verschiedene Mahlzeiten vom Aussterben bedroht, sondern auch soziale Komponenten wie das gemeinsame Essen.

Rund 30 Prozent nehmen sich nie die Zeit zum Mittagessen. Und so erstaunt es wenig, dass der gemeine Brite im Mittel gerade fünf Mahlzeiten pro Woche in Gesellschaft anderer einnimmt. Auch beim Abendessen regiert häufig Schmalhans-Küchenmeister. Die vielen Kleinigkeiten, die im Laufe eines Tages vertilgt werden, führen dazu, dass ein Drittel abends keinen Hunger verspürt. Hinzu kommen die 20 Prozent, die einfach zu faul sind, um abends noch etwas zu kochen.

Unterm Strich essen alle immer weniger und immer selten. Bleibt nur die Frage, warum es immer mehr unangemeldete Massendemonstrationen auf zwei Beinen gibt? Stopfen die all das in sich rein, was die anderen verschmähen? Ohne rüsten die sich für eine drohende Hungersnot?

Klamottenrausch

In Teenie-Boutiquen soll ja der meist gehörte Satz die Frage „Kann ich die Klamotten umtauschen, wenn sie meinen Eltern gefallen sollten?" sein. Was mit Blick auf das, was sich die Teenager von heute alles unter der Bezeichnung „Kleidung" so überstreifen, nicht ungewöhnlich erscheint. Da scheint die Hose, deren Bund sich irgendwo zwischen Gesäßbacke und Knie eingependelt hat, noch das Harmloseste. Aber über Geschmack lässt sich ja bekanntlich nicht streiten. Fakt ist, dass die Kids von heute unabhängig von so mancher Geschmacksverwirrung einen Faible für Markenklamotten haben.

Gemäß einer Studie mit 1.000 Schülerinnen und Schülern im Auftrag des britischen Versicherers Sheilas Wheels besitzen zwei Drittel aller Heranwachsenden wenigstens ein Designer-Kleidungsstück. Wobei mehr als ein Drittel der Jugendlichen im zarten Alter von zwei Jahren erstmals ein Designer-Kleidungsstück erhielt. Da kann man wohl von frühkindlicher Prägung sprechen. Gemäß der Studie gibt jeder Heranwachsende jährlich 845 Euro für Klamotten aus.

Der Inhalt des Kleiderschranks, der ja wegen verschiedener Wachstumsphasen und wegen des sich ändernden Geschmacks, mehrfach wechselt, addiert sich demnach im Mittel auf 1.855 Euro. Wobei die Kids im Schnitt 154 Kleidungsstücke ihr Eigen nennen. Darunter Schuhe im Wert von gerade einmal 210 Euro. Womit man davon ausgehen kann, dass es sich a) um relativ wenige Paare handelt und b) dass diese solange getragen werden, bis sie auseinander fallen.

Offen ließ die Studie, ab welchem Alter das weibliche Geschlecht einen Schuhtick entwickelt, wie er ja häufig in seinen extremen Ausprägungen zu beobachten ist. Dafür war noch zu erfahren, dass das Spielzeug, das die Schülerinnen und Schülern besitzen, fast auf den Cent genau so viel wert ist, wie deren Klamotten. Was wahrscheinlich im Umkehrschluss nicht bedeutet, dass Eltern, die wenig für Spielzeug ausgeben, bei Klamotten sparen können.

Dies widerspricht auch der Tatsache, dass die Eltern im Schnitt 64 neue Kleidungsstücke pro Jahr für ihr Kind erwerben. Also etwa 1,2 pro Woche. So gesehen bin ich irgendwie ein armes Menschenkind.

Ich weiß nicht, wann meine Mutter mir das letzte Mal neue Klamotten gekauft. Was ja nichts damit zu tun haben kann, dass ich mit großen Schritten auf die 50 zu gehe. Schließlich bin ich ja immer noch ihr liebster, weil einziger Sohn. Und für den legt man doch mal etwas an. Sonst komme ich ja nie auf 64 neue Teile im Jahr.

Mobile Fleischbeschauung

Mobile Fleischbeschauung träfe wohl am besten als Beschreibung auf das zu, was nicht nur Ihrer Majestät Queen Elizabeth II. die Scharmesröte ins Gesicht treiben dürfte. Die Untertanen der dienstältesten Monarchin der Welt haben offenbar einen Faible für Nacktfotos und Sexfilmchen. Gemäß einer Studie mit 2.000 Teilnehmern im Auftrag eines Mobilfunkanbieters wurde nun der Nation auf das Display ihrer Handys und die dazugehörigen Speicherkarten geschaut.

Die tragbaren Telefone entpuppten sich dabei als sprechende Knochen mit jeder Menge Schweinkram im Hintergrund, der auf Knopfdruck zum Vorschein kommt. Denn jeder vierte Brite hat gemäß besagter Erhebung Nacktfotos, Bilder von Bettszenen oder kleine Filmchen von der Ausübung ehelicher Pflichten auf dem Mobiltelefon gespeichert.

Wobei das Gros der nackten Tatsachen von jedem nach Lust und Laune aufgerufen werden könnte, zumal nur 35 Prozent der Briten diese brisanten Daten mit einem Pincode gesichert haben. Andererseits haben auch nicht alle ein Interesse daran, das, was hinter der Schlafzimmertür so alles passiert, geheim zu halten. Schließlich verrieten 34 Prozent, ihren digitalen Schweinkram gerne mal ungeniert guten Freunden vorzuführen.

Dabei bekommen die befreundeten Spanner und Lustmolche nicht nur Körperliches von den aktuellen Lebensabschnittspartnern zu sehen, sondern auch von Verflossenen. Denn immerhin zwölf Prozent gaben öffentlich zu, kompromittierende Fotos und Videos eines oder einer Verflossenen auf dem Handy abgespeichert zu haben. Womit zumindest vielen Mobiltelefonen im Vereinigten Königreich ein Schmuddelimage anhaftet. Tendenz steigert.

Von den Studienteilnehmern, für die das Erstellen von Sexaufnahmen mit der Handykamera bis dato kein Thema war, räumten nämlich lediglich 38 Prozent ein, dies auch künftig nicht vorzuhaben. So gesehen müsste die Behauptung des kongenialen Schriftstellers George Mikes korrigiert werden. Der gebürtige Ungarn, der den Großteil seines Lebens in England verbrachte, hat einmal gesagt: „Andere Nationen haben Sex. Die Briten haben Wärmflaschen."

Aber wer weiß, vielleicht sind Letztere auch auf den Fotos und Filmen auf den Handys der Nation zu sehen. Was die heißen Liebesgelüste der Briten in ein ganz neues Licht rücken würde.

Moderne Silberlocken

Die Alten werden im jünger. Das sage ich nicht nur, weil wir alle immer älter werden. Täglich. Ach, was. Stündlich. Sogar minütlich und sekündlich. Schon ist es wieder passiert. Und wieder. Und wieder. So könnte ich an dieser Stelle natürlich mühelos tagelang, nein monate- oder jahrelang weiter machen, aber das würde fraglos den einen oder anderen Leser ermüden. Dann würde wohl schlagartig das Interesse nachlassen und ich sähe bei sinkender Leserschaft irgendwie ganz schön alt aus. Da nützt es auch wenig immer jünger zu werden. So wie die Menschen im dritten Lebensdrittel, die auf den britischen Inseln anzutreffen sind.

Dort hat nämlich die Silver Generation, also die Gruppe der Menschen mit in ehren ergrautem Haar, die Zeichen der Zeit längst erkannt und tut es dem Jungvolk zumindest in punkto Neue Medien mehr und mehr gleich. Gemäß einer Studie steht jede dritte Silberlocke mit Hilfe von Facebook, Mail oder SMS regelmäßig in engem Kontakt mit dem eigenen Nachwuchs und/oder den Enkelkindern. Allein 15 Prozent der Senioren haben sich als virtuelle Freunde ihrer Anverwandten bei Facebook angemeldet und immerhin fünf Prozent der Älteren bedienen sich des Mikroblogdienstes Twitter, um ihre Neuigkeiten, Ansichten und Erlebnisse in knappen Worten in die Welt hinauszutragen.

Während gut ein Viertel der rüstigen Rentner mit einem Smartphone ausgestattet ist, nutzt jeder Zehnte die Telefonfunktionen von Skype. Ein Drittel der älteren Herrschaften schreibt SMS, 25 Prozent nutzen regelmäßig Maildienste und zehn Prozent tummeln sich bei Facebook. Da sage noch mal einer, die Generation 60 plus sei nicht up to date.

Das einzige, das den wachsenden Kommunikationseifer mittels der modernen Medien bremsen kann, ist scheinbar das Spekulier-Eisen. Denn, wenn die Brille mal wieder unauffindbar ist, dann gibt es auch keine SMS, keinen Post oder Tweet. Da helfen dann auch keine Suchmaschinen. Es sei denn, man möchte seinen Partner als solche bezeichnen. Was wiederum schnell zu Funkstille führen könnte. Und dann nützen einem die modernen Medien auch herzlich wenig.

Tränensalz

Ups, da scheint sich ein neues Berufsbild für alle anzubahnen, die zu nahe am Wasser gebaut sind. Auch tränenreiche Abschiede scheinen sich nun ganz einfach vergolden zu lassen. Und sogar Freudentränen könnten ob der klingenden Kasse gleich literweise die Wange runterkullern. Denn das Salz der Tränen könnte nun zum Gold des kleinen Mannes werden.

In England, wo ja vornehmlich nach alter Väter Sitte am Elfmeterpunkt die Tränen fließen, werden seit neustem ungewöhnliche Salzsorten aus menschlichen Tränen feilgeboten. Dabei unterscheidet der Anbieter in vier Sorten Tränensalz: Jenes, das beim Schneiden von Zwiebeln freigesetzt wird, und jenes, das beim Niesen mit ausgeschieden wird. Genutzt werden ferner Tränen, die aus Trauer und Wut verdrückt werden, und Tränen, die aus Angst und Sorge fließen.

Jede dieser ungewöhnlichen Salzsorten, die für sieben Britische Pfund (etwa 8,75 Euro) erworben werden können, soll nach Angaben von Hoxton Street Monsters Supplies als Exklusiv-Anbieter den Speisen als Gewürz eine ganz besondere Note verleihen.

Um die neue Form des weißen Goldes zu gewinnen, würden die gesammelten Tränen langsam gekocht, anschließend in flache Behälter zur Kristallisation gegeben. Die Salzkristalle würden dann von Hand verlesen und in einer speziellen Lake gespült, ehe sie in Gläsern abgefühlt zum Verkauf angeboten werden.

Eine tränenreiche Geschichte, die jedoch einen Haken hat. Denn Hoxton Street Monsters Supplies räumte ein, dass es sich bei der vermeintlichen Gewürzrevolution um eine Lachnummer handelt – allerdings mit ernstem Hintergrund. In die Gläser käme normales Meersalz.

Ziel der Aktion, die in enger Kooperation mit dem Ministry of Stories, einem nicht kommerziellen Zentrum für kreatives Schreiben in London, entwickelt wurde, sei es, die Fantasie der Menschen anzuregen und sie zum Erzählen von Geschichten zu animieren. Bei so viel Einfallsreichtum müssen einem ja die Tränen kommen.

Hummerhaut

Komplette Landstriche in Spanien und Griechenland sind seit Jahr und Tag in den Sommermonaten fest in ihrer Hand. Ja, keine Frage, die Briten lieben sonnige Gefilde im Süden, obschon sie selber eher der nordische Typ sind – zumindest vom Hautbild. Weil einem alten Klischee zu Folge über dem britischen Königreich lang anhaltende Regen häufig nur von kurzen Schauern unterbrochen wird, verspüren die Untertanen ihrer Majestät so etwas wie eine kollektive Sucht nach wärmenden Sonnenstrahlen. Sogar so sehr, dass sie beim Anblick der Sonne alles andere zu vergessen scheinen. Und so mutieren nicht wenige Briten am Urlaubsort gerne mal zu Rothäuten, die ein wenig an abgebrühte Hummer erinnern – was ganz sicher niemanden vor Neid erblassen lässt.

Im Rahmen einer Studie mit 2.000 Teilnehmern aus dem Vereinigten Königreich bemühte sich die Drogeriekette Superdrug dem Phänomen auf den Grund zu gehen und bat die Briten darum, sonnenbrandtechnisch einmal Farbe zu bekennen. Immerhin jeder zweite Urlauber aus dem Reich von Queen Elizabeth II. räumte ein, so sonnensüchtig zu sein, dass er sich bereits am ersten Urlaubstag mächtig die Pelle verbrennt.

Im oftmals vergeblichen Bemühen, sich eine ansehnliche Bräune zuzulegen, verzichten 14 Prozent komplett auf jeglichen Sonnenschutz, während sich weitere 25 Prozent ganz bewusst für einen niedrigen Sonnenschutzfaktor entscheiden. 68 Prozent der britischen Sonnenanbeter sahen die Schuld an ihrem Verhalten allein im miesen Wetter in ihrer Heimat.

50 Prozent machten zudem klar, dass ein Urlaub für sie ein völliger Reinfall sei, wenn sie nicht mit einer anständigen Bräune heimkehren würden. Daher überrascht es wenig, dass selbst diejenigen, die sich zunächst vernünftig vor der Sonne schützen, spätestens ab dem vierten Urlaubstag auf Sonnenschutzmittel verzichten, sollte ihr Körper bis dahin nicht mit einer knusperig braunen Haut wie beim Brathähnchen überzogen sein.

Während die Drogeriekette mit den erschreckenden Resultaten dieser Studie natürlich den Verkauf für seine Sonnenschutzmittel ankurbeln möchte, gibt es für die gesundheitsbewussten Angelsachsen eigentlich nur eine sinnvolle Alternative. Denn nicht von ungefähr heißt es: Das Beste gegen Sonnenbrand sind Ferien in Eng(e)land!

Dinogaserwärmung

Die Dinosaurier waren scheinbar nicht nur überaus gefräßig und teilweise gigantisch groß, sondern auch gigantische Umweltverpester – quasi eine Art frühzeitliche Dreckschleuder auf Beinen. Dies galt vor allem für die Pflanzen fressenden Exemplare. Wissenschaftler um Dave Wilkinson von der renommierten John Moores Universität im englischen Liverpool fanden nämlich heraus, dass die Giganten der Urzeit nicht nur als Blattfräsen die Bäume in einem Land vor unserer Zeit immer wieder kahl gefressen haben, sondern dass die tonnenschweren Riesen ob ihrer einseitigen Ernährung auch massiv unter Verdauungsproblemen und Flatulenz gelitten haben müssen. Was vielleicht auch eine Erklärung für den Begriff „Urknall" sein könnte.

Fakt ist, die im Schnitt gut 20.000 Kilogramm schweren Saurier waren gemessen an dem Methangas-Ausstoß ihres Verdauungstrakts so etwas wie frühzeitliche Kühe. Schlimmer noch, die Dinos sollen, so die Berechnungen von Dave Wilkinson und seinen Forscherkollegen, jährlich weltweit mehr als 520 Millionen Tonnen Methan in die Luft geblasen haben.

Dies ist mehr als die Menge, für die sich Tiere, Menschheit und Industrie heute gemeinsam verantworten müssen. Damit waren die großen Stinker, so die britischen Forscher weiter, auch irgendwie Schuld an einer ersten Form der globalen Erwärmung vor rund 150 Millionen Jahren.

Fraglos überaus interessante wissenschaftliche Erkenntnisse, die mit Blick auf das kollektive Verschwinden und das Aussterben der Urzeitriesen eigentlich nur ein Schluss zulassen: Die Dinos sind wohl am eigenen Mief erstickt.

Gefrierkopf

Der Kampf am Himmel um die Gunst der Passagiere wird immer härter. Für die meisten Fluggesellschaften bedeutet dies einen äußerst schwierigen Spagat. Auf der einen Seite soll mit zahlreichen Zusatzeinnahmen versucht werden, die Kostenstruktur zu verbessern, auf der anderen Seite werden Merkmale gesucht, um sich von der Konkurrenz abzuheben. Dies kann ein verbesserter Service sein, dies kann ein vergrößerter Sitzabstand in der Holzklasse sein, dies kann aber auch gefrorenes Wasser sein.

Auf dieses nämlich setzte zumindest zwischenzeitlich die britische Fluggesellschaft Virgin Atlantic. Denn die Airline kühlte die servierten Drinks in der Business Class mit dem Kopf vom Mehrheitseigentümer Sir Richard Branson. Aber keine Angst, der findige Millionär, der sich zum Ziel gesetzt hat, Flüge in den Weltraum kommerziell für eine breite Masse zu erschließen, wurde nicht enthauptet.

Vielmehr arbeiteten gleich vier Designer in seinem Auftrag sechs Wochen lang daran, eine Vorlage für die Erstellung von Eiswürfel mit dem markanten Konterfei des Bosses zu entwickeln. Dies soll nicht bedeuten, dass das Verhältnis zu Richard Branson irgendwie frostig anmutet.

Vielmehr drängte sich der geadelte Brite nun den Passagieren zumindest zeitweise als Flugbegleiter in Form eines „Little Richrad" in ihrem Glas auf. Eine Idee zum Dahinschmelzen. „Richard würde sich nur zu gerne persönlich für einen Moment zu den Passagieren setzen und einen Drink genießen. Doch sein enger Terminplan macht ihm dies leider nicht möglich", unterstrich Steve Ridgeway, Vorstand von Virgin Atlantic.

Zumindest können die Passagiere nun behaupten, gemeinsam mit Richard Brenson tief ins Glas geschaut zu haben, auch wenn die Idee mit Köpfchen garantiert als getarntes Kopfgeld im Flugpreis enthalten war. Na dann, Prost!

Traummannanforderungen

Keine Frage, manch einer wird beim Blick in den Spiegel sofort denken: „Das bin ja ich." Ein Fleischesser und ein Audifahrer, der zweimal die Woche mit seiner Mutter telefoniert, locker umgerechnet 58.000 Euro im Jahr verdient und lieber Bier als Wein trinkt. Denn genau das ist der Typ Mann, den die Frauen favorisieren. Vor allem dann, wenn er auch noch mindestens 1,82 Meter groß ist, über kurzes, dunkles Haar verfügt und glatt rasiert ist. Klar, er sollte auch auf gepflegte Kleidung Wert legen, ein weiche Brust zum Kuscheln und Anlehnen haben und natürlich Nichtraucher sein.

Dies zumindest ist das Resultat einen Studie mit 2.000 Teilnehmerinnen in Großbritannien. Und die Britinnen wissen scheinbar ganz genau, wie das Anforderungsprofil für ihren designierten Traummann aussieht. Vegetarier beispielsweise stehen nicht auf der Liste. Und zu ernst sollte er auch nicht durchs Leben schreiten. 43 Prozent aller Frauen bevorzugen gemäß der Studie eher Männer, die zu Späßen aufgelegt sind, als solche, die gerne in epischer Breite über Gott und die Welt philosophieren.

Der Idealvorstellung von einem Mannsbild kommt der Gute dann noch näher, wenn er einen Hochschulabschluss besitzt. Minimum ist hier ein Master Abschluss, besser noch ein Doktortitel. Auf jeden Fall aber sollte er mehr verdienen als sie. Ach, ja, einfühlsam sollte er sein. Das zumindest wünschen sich 86 Prozent der Damenwelt. Sätze wie „Ich liebe dich" sollten für 64 Prozent nur dann über die Lippen kommen, wenn er es tatsächlich auch so meint.

Wichtig wäre auch, wenn er in seiner Freizeit gerne Jeans, T-Shirt und Pullover mit V-Ausschnitt trägt und maximal 17 Minuten braucht, um sich ausgehfertig zu machen. Schön wäre, wenn er außer Fußball auch gerne Seifenopern guckt, gerne mal Einkaufen geht, Motorradfahren kann und in der Lage ist, selbständig Reifen zu wechseln. Allesamt Eigenschaften, die für den Mann ohnehin selbstverständlich sind. Bleibt nur die Frage, wie er sich dann von den anderen 99,9 Prozent unterscheiden soll?

Geflügelte Antibiotika

Winterzeit, Grippezeit. In der kalten Jahreszeit wird allerorten geschnieft, gehustet und geprustet, was das Zeug hält. Während Flüsse gefrieren, läuft bei nicht wenigen die Nase. Kopf- und Gliederschmerzen verdeutlichen einem auf unangenehme Art und Weise, dass man noch unter den Lebenden weilt. Um den Grippesymptomen Herr zu werden oder diese zumindest in ihren Auswirkungen zu lindern, greifen wir zu vielerlei Hilfsmitteln, Tricks und Kniffen. Die einen werfen sich kiloweise Medikamente ein, die anderen schwören auf radikale Bettruhe und wiederum andere setzen auf bewährte Hausmittel wie heiße Zitrone oder kalte Wickel. Und auch die gute alte Hühnersuppe wird gerne als Wunderwaffe eingesetzt.

Bei aller Skepsis gegenüber den Vogelteilen im brodelnden Gemüsewasser, scheint die Brühe ihre Wirkung nicht zu verfehlen. Diesen Schluss legt zumindest eine Studie mit 1.000 Teilnehmern in Großbritannien nahe. Demnach hat das Löffeln der Hühnersuppe einen vergleichbar positiven Effekt auf den Gesundungsprozess wie die Einnahme schmerzstillender und fiebersenkender Arzneistoffe.

So zumindest der subjektive Eindruck der Studienteilnehmer. Denn 55 Prozent gaben an, sich nach dem Genuss einer Hühnersuppe deutlich besser zu fühlen und neun Prozent waren davon überzeugt, dass die Kraftbrühe wesentlich effektiver sei, als die Einnahme von Medikamenten.

Immerhin sieben Prozent gaben sogar an, nach dem sie die Suppe ausgelöffelt haben, sich wieder dermaßen erholt und gesund zu fühlen, dass sie förmlich Bäume ausreißen könnten. Einige glauben, die Hühnersuppe würde einen gewissen Placebo-Effekt auslösen und, obwohl sie keinen Arzneistoff enthält und somit auch keine durch einen solchen Stoff verursachte pharmakologische Wirkung haben kann, hilfreich sein.

Ein Gedanke, der irgendwie absurd klingt. Zumal wir aus der Hühnerhaltung wissen, dass hier verstärkt Antibiotika zum Einsatz kommen. Damit sind die Flattermänner so etwas wie Grippemedikamente mit Flügeln. Kein Wunder also, wenn deren Genuss heilende Wirkung hat. Vermutlich wird es auch nicht mehr lange dauern, bis es Legehennen zum Verzehr auf Krankschein gibt.

Pekuniärgeschenkskepsis

Es ist schon komisch. Auf der einen Seite finden wir alle Geiz irgendwie geil, freuen uns, wenn wir hier und da ein paar Cent sparen können, auf der anderen Seite überwiegt eine große Skepsis gegenüber kostenlosen Angeboten. Wenn immer uns Leistungen jeglicher Art entgeltfrei angeboten werden, wittern wir eine Verschwörung oder sind sicher, dass uns hier jemand mit einem billigen Bauernfängertrick über den Tisch ziehen möchte.

Ein Effekt, der sich offenbar noch verstärkt, wenn uns jemand Bargeld ohne Gegenleistung anbietet. Diesen Schluss lässt zumindest ein Experiment im Auftrage des britischen Rabattcouponanbieters MyIce.com zu. Das Unternehmen hatte eine Woche lang morgens Mitarbeiter auf den Bahnhöfen von Newcastle, Medway, Manchester, Perth und Leicester platziert, die ein Schild auf dem Bauch und Rücken trugen, auf dem in großen Lettern geschrieben stand: „Sprechen Sie mich an und ich bezahle Ihnen Ihre Fahrkarte". Und siehe da, kaum einer traute dem Braten.

Dabei heißt es doch, einem geschenkten Barsch schaut man nicht in....die Kiemen. Ganze 38 Personen nahmen das Angebot an und ließen sich Geld für die Fahrkarte aushändigen. Was natürlich daran liegen kann, dass so ein Bahnticket nun nicht gerade die Welt kostet.

Um generelle Rückschlüsse auf das Verhalten der Allgemeinheit ziehen zu können, sollte das Unternehmen das Experiment unbedingt in etwas anderer Form wiederholen. Beispielsweise, in dem die Mitarbeiter in einem Elektrogroßmarkt anbieten, allen, die sie ansprechen, das Geld für einen neuen Fernseher oder ein Smartphone mit einem Apfel darauf schenken.

Als Testareal böten sich deutsche Innenstädte an. Vor allem die, in denen ich gerne mal zum shoppen unterwegs wäre. Gerne teile ich den Mitarbeitern von ICE auch mit, wann und wo genau sie das Experiment wiederholen sollte. Schließlich geht es ja für uns alle irgendwie um wichtige Erkenntnisgewinne – und das sollte ICE doch schon mal ein paar Euro mehr wert sein.

Rennpferdgeflüster

Na, ganz ehrlich, wie oft haben Sie schon auf das falsche Pferd gesetzt? Und dies nicht nur, weil wieder einmal kurz die Pferde mit Ihnen durchgegangen sind. So oder so liegt für nicht wenige das Glück der Erde auf dem Rücken der Pferde. Was beileibe nicht nur mit Blick auf die große Zahl an Reitern gemeint ist, sondern auch auf die vielen Zeitgenossen gemünzt ist, die glauben, voraussagen zu können, welches Pferd am schnellsten zu galoppieren vermag. Und davon gibt es nicht wenige, wie die Menschenmengen bei Pferderennen im In- und Ausland dokumentieren.

Als selbst ernannter Pferdeflüsterer hofft so mancher, allein durch seine Anwesenheit den Gaul derart beflügeln zu können, dass dieser wie Pegasus förmlich durch die Lüfte saust und seine feuchten Nüstern als Erster über die Ziellinie schiebt. Denn dann hat sich der wiehernde Unpaarhufer nicht nur eine Extramöhre verdient, sondern auch der Pferdekenner mit einer gezielten Wette ein paar Euro zusätzlich. Die Einschätzung darüber, welches Pferd das Zeug zum Sieger hat, erfolgt oft über den optischen Eindruck und mit Hilfe einer Fülle an Statistiken.

Doch eigentlich ist es gar nicht notwendig, sich vor einem geplanten Wetteinsatz durch trockene Zahlenwerke aus vorangegangenen Rennen zu wühlen. Denn offenbar gibt es einen Zusammenhang zwischen der Startnummer und den Gewinnchancen. Gemäß einer Studie aus Großbritannien, in deren Rahmen die Ergebnisse von 9.500 Pferderennen zugrunde gelegt wurden, hat in 15 Prozent aller Rennen die Startnummer 1 die Nase vorn. Einen guten Lauf haben demnach auch die Startnummern 2 und 3.

Zusammen mit der Startnummer 1 stellen sie statistisch gesehen bei vier von zehn Rennen die Sieger. Es sei allerdings davor gewarnt, dass die Startnummer 2 auch ihre Tücken hat. Die Pferde mit der 2 haben gemäß der Studie die größte Fallsucht und neigen häufiger als andere Pferde dazu, während des Rennens zu stürzen. Derweil sind die Pferde mit der Startnummer 3 diejenigen, die am häufigsten dazu neigen, ihre Reiter abzuwerfen.

Kein sicherer Tipp scheint derweil die Startnummer 7 zu sein. Rund 20 Prozent alle disqualifizierten Pferde tragen nämlich diese Nummer. Generell gilt: Je höher die Startnummer, desto geringer die Erfolgsaussichten. Kurzum, wer wetttechnisch bei Pferderennen sein Geld mehren möchte, sollten sich als Eselbrücke den Leitspruch eines großen Online-Auktionshauses einverleiben: „Drei, zwei, eins – meins".

Stimmungsverpester

Da wird der Hund in der Pfanne verrückt. Denn Wuff und Bello, die gemeinhin als des „Menschen bester Freund" tituliert werden, scheinen in Wirklichkeit echte Problembären zu sein. Ja, man könnte sogar soweit gehen, sie als Stimmungsverpester auf vier Pfoten zu beschimpfen. Dabei geht es weniger darum, dass die Schwanzwedler gerne mal den Postboten in die Wade zwicken oder durch den Zaun schimpfen, sondern darum, dass die Feuchtnasen im Laufe ihres im Laufes ihres 12,8-jährigen Erdendaseins mit ihrem Tun und Lassen rund 2.000 Querelen zwischen Herrchen und Frauchen heraufbeschwören.

Denn gemäß einer Studie im Auftrag des britischen Hundeversicherers Esure sorgen die haarigen Zeckenmagneten in einer jeden Halterfamilie für 156 Auseinandersetzungen pro Jahr. Hauptstreitpunkt ist demnach die Frage, was mit dem treuen Vierbeiner während des anstehenden Urlaubs oder eines geplanten Wochenendausfluges geschehen soll? Vermutlich damit dieser, wenn von den Herrchen alleine gelassen, nicht vor die Hunde geht.

Zweithäufigster Streitpunkt ist die Frage, wer mit dem Hund Gassi gehen soll? Eine Problemlage, die besonders zu nachtschlafender Zeit, bei Dauerregen sowie bei Eis und Schnee häufig diskutiert werden dürfte, zumal man bei solch einem Wetter für gewöhnlich keinen Hund vor die Tür jagt.

Auf den Bronzerang schob sich der Zwist darüber, ob der Hund ins Bett darf. Vermutlich weil der wuschelige Liebling für die einen nichts als eine kläffende Flohquaste ist, für die anderen irgendwo auch eine Art Mensch ist. Und welcher Mensch schläft schon gerne auf dem Teppich oder den kalten Fliesen?

In der Beliebtheitsskala der mitunter rüden Reibereien nehmen auch die Fragen, ob das Hundetier auf dem Sofa Platz nehmen darf und wer eventuelle Hundehinterlassenschaften beseitigen sollte, Spitzenplätze ein. Auch die Erziehung sowie die Pflege beziehungsweise die vernachlässigte Pflege des sabbernden Mitbewohners und dessen mitunter großen Zerstörungswut mit Blick auf Hausschuhe und Kinderspielzeug werden gerne familienintern andiskutiert; ebenso der Zwist darüber, dass das eine Herrchen zu streng mit dem Haustier umgeht, während das andere den Hund zu sehr verwöhnt.

Fakt ist, wer Zuhause jeden zweiten Tag hundebedingt kräftig Luft ablassen muss, geht gemäß besagter Studie auch gerne mal an die frische Luft, um selbige in den eigenen vier Wänden nicht weiter zu verpesten. Als Begleiter bietet sich da natürlich der Hund an, an dessen Seite ein Herrchen im Laufe eines Hundelebens übrigens 38.400 Kilometer oder 2.968 Kilometer pro Jahr zurücklegt.

Keine Wunder also, wenn sich manch ein Hundehalter nicht nur wegen der ewigen Streitigkeiten, sondern auch wegen der erzwungenen Laufleistung irgendwie hundeelend fühlt.

Gruppenlacheffekte

Lachen ist bekanntlich die beste Medizin. Noch dazu weitgehend ohne Nebenwirkungen – sieht man einmal von den Erschütterungen des Zwerchfells und der aufblitzenden Kauleiste ab. Was irgendwie lächerlich klingt, hat natürlich einen ernsthaften Hintergrund. Denn Wissenschaftler der Universität Oxford gelang der Nachweis, dass Lachen zumindest physischen Schmerz lindern kann.

Vor allem dann, wenn wir uns in eine Gruppe köstlich amüsieren und kollektiv kringeln. Diese würde, so die Erklärung der Gelehrten aus dem britischen Königreich, Endorphine freisetzen und die Reizschwelle erhöhen. Womit klar ist, dass derjenige, der zum Lachen in den Keller geht, schmerztechnisch schnell ausgekichert haben dürfte. Es sei denn, er teilt seinen Witz und seine Lustigkeit mit einer Gruppe von Kellerasseln und Mäusen.

Um zu dieser bahnbrechenden Erkenntnis zu gelangen, hatten die schlauen Uni-Füchse Probanden in Gruppen entweder gemeinsam einen wenig spritzigen

Dokumentationsfilm anschauen lassen oder mit den Abenteuern von Rowan Atkinson als Mr. Bean filmtechnisch konfrontiert. Und siehe da, wer den wortkargen Komiker verfolgte, zeigte sich anschließend bei bewusst zugefügtem Schmerz deutlich weniger empfindlich als die Doku-Geplagten.

15 Minuten Lachen ließen, so die Forscher weiter, das Schmerzempfinden um ein Zehntel sinken. Nun hat leider nicht jeder immer eine Gruppe zu Hand, wenn er mal wieder plant, sich mit dem Hammer beim Bilderaufhängen auf die Hand zu hauen oder beim Zwiebelschälen in die Finger zu schneiden.

Um sich dennoch fröhlich auf die zu erwartenden Schmerzen einzustimmen, empfiehlt der Glossendoktor ihres Vertrauens die regelmäßige Lektüre von Texten wie diesem. Je nach Schwere der bevorstehenden Aufgabe kann der Beitrag auch mehrmals gelesen oder zwecks Effektverstärkung einem Kumpel am Telefon vorgelesen werden. Wichtig ist nur, erst Lesen, dann den Hammer in die Hand nehmen. Bei umgekehrter Vorgehensweise garantieren wir für nichts und empfehlen stattdessen den Griff zum Trostpflaster.

Schnellfutterportionen

Fast alle tun es. Und fast alle tun dabei so, als würden sie es nicht tun. Doch die Zahlen und vor allem auch die Schlangen vor der Kasse lügen nicht. Während die einen Wasser predigen und lustig am Wein nippen, appellieren andere für gesundes Essen und stopfen in Wirklichkeit Fastfood in sich hinein. Sogar in rauen Mengen. Jeder Erwachsene gönnt sich im Laufe seines Lebens nicht weniger als 2.453 Schnellfutterportionen. In 62,5 Lebensjahren zwischen dem Beginn der Volljährigkeit und dem vermeintlichen Beginn des totalen Zahnausfalls mit 80,5 Jahren gönnt sich ein jeder pro anno im Schnitt 46 Mal eine dieser zumeist wenig hochwertigen Speisen, die speziell für den raschen Verzehr gefertigt wurden.

Dies zumindest ist das Resultat einer repräsentativen Studie mit 2.000 Teilnehmern in Großbritannien. Erstaunlicherweise nehmen die auf den britischen Inseln angeblich so beliebten Fish & Chips noch nicht einmal eine Spitzenposition unter den meist kalorienreichen Speisen mit hohem Fettanteil ein. In 62 Jahren gönnen sich Erwachsene gemäß der genannten Studie im Auftrage einer privaten Krankenkasse lediglich 312 Portionen Pommes mit paniertem Fisch. Was im Mittel knapp fünf Mahlzeiten pro Jahr entspricht.

Die Nase vorn im Junkfood-Rennen haben Hamburger, indische Mitnahmegerichte und Curry-Varianten mit jeweils sechs Portionen pro Jahr oder 375 über das Erwachsenenalter verteilt. Da die Inder in unseren Gefilden eher selten im Schnellimbissbereich angesiedelt sind, haben bei uns dafür die gebratenen Fleischklopse einen deutlich höheren Marktanteil.

Und auch die Mafiatorte wird gerne im Vorbeigehen verzerrt. Genauer gesagt rund 368 Mal im Laufe des Erwachsenendaseins, während der gute alte Döner verkaufstechnisch klar hinterherhinkt. Gerade einmal 188 Mal gönnen sich die Volljährigen das Geschnitzelte vom Drehspieß. Dabei macht Döner doch angeblich schöner.

Aber vielleicht hat das niemand nötig, der sich auch noch 92 Hot Dogs und 322 Kleinigkeiten vom Chinamann im Vorbeigehen reinschraubt. Insgesamt kostet das Essvergnügen umgerechnet rund 21.000 Euro. Eine Summe die wir uns unter Gesundheitsaspekten eigentlich direkt auf die Hüfte schmieren könnten. Aber das ist ja dank Pizza, Hamburger & Co kein Platz mehr.

Trunkenheitsgalerie

Nicht wenige Skeptiker betonen, dass das, was alles in sozialen Netzwerken wie Facebook verbreitet wird, nur im Suff zu ertragen sei. Was vielleicht auch daran liegt, dass offenbar vieles, was sich im öffentlichen Bereich der meisten privaten Profile findet, im Suff entstanden ist. Im Rahmen einer groß angelegten Studie mit 1.781 Teilnehmern in Großbritannien kam jedenfalls heraus, dass 76 Prozent aller privaten Fotos auf Facebook unter starkem Alkoholeinfluss entstanden sind oder Leute unter starkem Alkoholeinfluss zeigen.

Okay, das kann hier und da recht witzig sei, doch meistens hört der Spaß spätestens dann auf, wenn Kollegen oder der Chef die Einträge auf der Facebook-Seite zu Gesicht bekommen. Zumal nach eigenen Angaben nur jeder Zehnte den Zugang zu den Bildern seines Facebook-Accounts für die Öffentlichkeit gesperrt hat und nur den per Mausklick limitierten Freunden ermöglicht.

Interessant ist in diesem Zusammenhang auch zu erfahren, dass immerhin 56 Prozent im Rahmen der Studie einräumten, überaus peinliche Bilder von sich, bei Facebook eingestellt zu haben, von denen sie sich wünschen, dass diese nie der Chef zu sehen bekäme. Acht Prozent gehen sogar soweit, zu behaupten, einige Fotos könnten sie – so fern sie vom Chef oder von den Kollegen gesehen werden – in ernsthafte Schwierigkeiten bringen.

Alle Voyeure unter den Facebook-Nutzern müssen sich angesichts der alarmierenden Zahlen allerdings keine Sorgen machen, dass die Trunkenheitsgalerie in naher Zukunft verschwinden wird. Bilder dieser Art wird es auch künftig reichlich im weltweiten Netz geben. Schließlich geht der gemeine Brite gern mal auf ein Bierchen oder zwei in den Pub um die Ecke. Und irgendeiner der Saufkumpane hat garantiert ein Handy mit Fotokamera dabei. Spätere Peinlichkeiten nicht ausgeschlossen.

Frauenüberforderer

Frauen und Technik. Wie oft sind diese Welten nicht nur verbal aufeinander geprallt! Nein, werte Damen, ich möchte mich nicht um den „Chauvi-Preis des Jahres" bewerben, und weiß um den mitunter großen technischen Sachverstand der Damenwelt, den diese nur nicht immer in Prahlhansmanier raushängen lassen möchte. Gleichwohl gibt es nun verstärkt Zweifel am Technikverständnis der Frauen. Im Rahmen einer Studie mit 2.000 Teilnehmern im Auftrage eines britischen Küchenartikelherstellers kam heraus, dass das zarte Geschlecht vor allem mit den Tücken der modernen Kommunikationsmedien hadert. Und dies, obwohl die meisten Frauen überaus kommunikativ sind.

Die meisten Kopfschmerzen bereiten gemäß besagter Studie dabei Notebook, PC, iPhone, Blackberry und iPad. Unter die Top 10 der vermeintlichen Frauen-Überforderer schafften es auch technische Errungenschaften wie das „normale" Mobiltelefon, der MP3-Player, das Navigationssystem, die Spielkonsole und die Digitalkamera, deren Handhabung den meisten Herren der Schöpfung kaum mehr als ein müdes Lächeln abverlangen.

Grund zu jubeln haben die Männer dennoch nicht. Denn die Studie entlarvte die Kerle als absolute Haushaltsgerätgraupen. Zwar können viele diese elektrisch anschließen und eventuell reparieren, doch deren Funktionsweise erschließt sich der Männerwelt oft nicht. Die größte Problem bereiten den Herren demnach der Gebrauch des Ofens und der Grillfunktion am Herd dicht gefolgt vom Wäschetrockner und der Waschmaschine.

Was logisch ist. Schließlich glauben viele Männer ja noch immer an das Phänomen der selbst reinigenden Unterhosen und T-Shirts. Denn nur wenige Tage, nachdem diese irgendwo in den eigenen vier Wänden schmutzig fallen gelassen wurden, finden sich die Kleidungsstücke frisch gewaschen im Kleiderschrank wieder. Probleme bereitet den Männern auch die Handhabung der Spülmaschine. Denn auch hier erschließt sich nicht, warum der Mann sich in die Materie einarbeiten sollte. Schließlich finden sich immer genug saubere Teller und Tassen im Schrank.

Unter die Top 10 der haushaltüblichen Männerrätsel schafften es zudem die Mikrowelle, das Ceranfeld, das Bügeleisen, der Mixer und Staubsauger. Allesamt Geräte, die der Mann offensichtlich nicht braucht, um eine saubere Wohnung sowie lecker zubereitetes Essen vorzufinden. Und beschweren soll sich die Frau bitte schön auch nicht. Sonst verraten wir ihr künftig nämlich nicht mehr, wie ihr Computer oder Smartphone funktioniert.

Die Exoten von nebenan

Wir brauchen nur nach links, rechts oder gegenüber zu blicken, und schon wird uns wieder bewusst, dass der ideale Nachbar unsichtbar und unhörbar wäre. Dafür aber jederzeit verfügbar, wenn man ihn mal braucht. Soweit zur Theorie. Jeder, der weit gereist ist und entlegene Länder besucht hat, weiß nur allzu gut, dass der eigene Nachbar am Exotischsten ist. Nicht von ungefähr lehrt der Volksmund, dass Nachbarn ganz besonders schwere Prüfungen sind, die uns vom Leben auferlegt werden. Und manch einer würde ein Auge dafür geben, wenn sein Nachbar keines hätte. Und doch neigen wir dazu, permanent ein Auge auf den Nachbarn zu werfen.

Gemäß einer Studie aus Großbritannien hat jeder Zweite seinen Nachbarn, wenn immer möglich, genau im Blick. Da wird hinter der Gardine hergelugt, da der große Lauschangriff durch die Hecke gestartet und sogar durch den Müll des Nachbar gewühlt – immer auf der Suche nach Wissenswertem über den Nebenbewohner.

Fast 40 Prozent der insgesamt 2.000 Studienteilnehmer räumten ein, genauestens darüber informiert zu sein, wann und von wem die Nachbarn Besuch bekommen, auch wenn sie die Gäste nicht unbedingt namentlich kennen. Gleichwohl versuchen sie, möglichst viel über die unbekannten Wesen in des Nachbars Stube herauszufinden. Etwa mit Hilfe des Autokennzeichens oder anderer kleiner Hinweise.

Vier von zehn entgeht auch nicht, wenn andere Anrainer eine Warenlieferung bekommen. Ein Viertel gab zudem zu Protokoll genau zu wissen, wann immer es in der Beziehung der umliegenden Bewohner kriselt. Weit verbreitet ist auch das Bemühen, herauszufinden, was die benachbarte Immobile wohl gekostet hat oder wie viel die Nebenbewohner beispielsweise für eine Anschaffung bezahlt haben, um Rückschlüsse auf deren Verdienst zu ziehen.

Ungeachtet dieser Eingeständnisse glauben die meisten jedoch, nicht sonderlich neugierig zu sein. Klar, sie wollen höchstens alles wissen. Ich für meinen Teil kann mit vorsichtigem Blick hinter der nicht vorhandenen Gardine nur sagen: „Frieden ist machbar, Herr Nachbar!" Obwohl ich mir angesichts dessen, was ich in den letzten Tagen alles so gesehen und mitbekommen habe, nicht ganz sicher bin...

Perfekter Teegenuss

Kaum etwas ist britischer als der Teegenuss. Fest steht, schwarz muss er sein und Milch muss rein. Darüber sind sich die Untertanen von Königin Elizabeth II fast ausnahmslos einig. Geklärt ist nun dank des unbändigen Forscherdrangs der University of Northumbria im nordenglischen Newcastle-upon-Tyne endlich auch, wie die perfekte Tasse Tee zubereitet werden muss, um optimalen Genuss zu erfahren.

Genau 180 Stunden Forschungseifer, in den 285 verschiedene Variationen der Teezubereitung genauestens unter die Lupe genommen wurden, waren notwendig, um die ebenso logische wie einprägsame Formel zu entdecken: TB + (H20 bei 100°C) 2mins BT + C (10ml) 6mins BT = PC (@ =OT60°C.

Was auf den ersten Blick wie ein Buch mit sieben Siegeln wirkt, ist de facto recht simpel: TB steht für Teebeutel; H20 ist natürlich Wasser; BT ist die „brewing time", also die Zeit, die der Tee ziehen soll; C steht für Milch, OT für die „optimum temperature", also die optimale (Trink-) Temperatur und PC für „perfect cuppa", für die perfekte Tasse. Zu Deutsch, um die perfekte Tasse Tee genießen zu können, muss ein Teebeutel mit 100 Grad Celsius heißem Wasser aufgegossen werden. Dann lässt man das Ganze zwei Minuten ziehen, gießt genau zehn Milliliter Milch hinzu, um das Gemisch weitere sechs Minuten ziehen zu lassen, und schon ist der Gipfel des Teegenusses garantiert.

Somit sind also eine achtminütige Ziehphase und das gleichzeitige Abkühlen des Getränks auf 60 Grad Celsius gemeinsam mit der exakt gewählten Milchmenge die Garanten für ein wahres Genussfeuerwerk für die Geschmacksknospen.

Gleichzeitig stellten die Forscher aus dem Norden Englands fest, dass das Aufgussgetränk nach der Zubereitung nur eine begrenzte Halbwertzeit hat und nach genau 17 Minuten und 30 Sekunden nicht mehr genießbar sei. Ein Erkenntnisgewinn, der bei wahren Teekennern auf Zweifel stößt. Denn wer für die Zubereitung seines Heißgetränks schon Teebeutel benutzt, leidet – so die Kritiker – vermutlich auch sonst unter erheblichen Geschmacksverwirrungen.

Klamotten-Neid

Von wegen, dem Diktat der Mode unterlegen. Nicht wenige Männer wundern sich, noch mehr ärgern sich, wenn die Frau an ihrer Seite mal wieder ein neues Kleidungsstück anschleppt, nachdem sie zuletzt gestern und am Tag zuvor sowie dreimal in der Vorwoche jeweils fündig geworden war. Die moderne Frau müsse mit der Mode gehen, heißt es dann gerne als Erklärung. Außerdem müsse das Outfit an die Außentemperaturen angepasst werden. Da sich ja die Jahreszeiten komplett verschoben haben, und jüngst etwa der November einen auf jungen Mai gemacht hat, muss die Frau gezwungenermaßen fast ständig neue Garderobe kaufen.

Soweit zu einer beliebten Theorie, die uns Männern immer wieder versucht wird, glaubhaft beizupulen. Schuld an dem permanenten Kaufrausch der Damenwelt sind aber in Wirklichkeit gute Bekannte, Freundinnen und Arbeitskolleginnen. Denn jede Frau besitzt im Durchschnitt zwölf Kleidungsstücke, die sie lediglich gekauft hat, weil diese eine Bekannte, eine Freundin oder eine Arbeitskollegin überaus gut kleiden. Klamotten-Neid ist eben auch eine Form von Anerkennung. Und dieser Klamotten-Neid führt binnen kurzer Zeit zu Kaufattacken, nachdem in feinster Sherlock-Holmes-Manier überaus investigativ herausgefunden wurde, wo genau das Stück Stoff von der Bekannten, Freundin oder Arbeitskollegin erworben wurde.

Gemäß einer Studie aus Großbritannien mit 2.000 teilnehmenden Frauen hat jede Dritte binnen weniger Tage eine Klamotten-Kopie erworben, nachdem sie das schicke Original an einer anderen gesehen hat. Und so verwundert es wenig, dass jede Frau im Mittel exakt fünf Kleidungsstücke besitzt, die absolut identisch mit denen einer guten Freundin sind.

Was mich angesichts der Tatsache, dass die Frau, die mir die Welt erklärt, gut drei Dutzend Freundinnen besitzt und mit Blick auf die wachsende Enge im Kleiderschrank mehr und mehr stutzig macht. Allerdings erfahre ich auch von den Studienteilnehmerinnen, dass jede Zehnte absolut verärgert reagiert, wenn eine Bekannte, eine Freundin oder eine Arbeitskollegin ihren Stil kopiert und die gleichen Klamotten kauft.

Bei uns Männern ist das alles kein Thema. Hat der Kumpel sich die gleichen Klamotten zugelegt, dann nennen wir das schlicht Partnerlook. Hier reagieren wir allenfalls verschnupft, wenn der Freund das Trikot der falschen Borussia an hat. Aber das ist ein ganz anderes Thema.

Fäkalienphonie

Bei nicht wenigen Handy-Benutzern gehört das Wort mit SCH, dass von dem Namen für eine Hühnerfrucht und einem „ße" gefolgt wird, zum Standardsprachgebrauch. Mal fluchen sie auf eine SCH...verbindung, mal auf den Sch...provider, der nicht in der Lage ist, ein stabiles Netz zu garantieren. Ob der häufige Gebrauch des SCH-Wortes mit Schuld daran ist, kann nicht seriös beantwortet werden. Gleichwohl konnten britische Wissenschaftler in einer Studie mit 400 Teilnehmern in zwölf Städten des Landes nachweisen, dass fast jedes sechste Mobilfunkgerät mit Fäkalienspuren verunreinigt sind.

Klar, werden nun einige denken. Es gibt ja genug SCH...handys auf dem Markt. Was vermutlich aber auch nicht der Grund dafür ist, dass die genannten Sprechknochen Rückstände des E-Coli-Bakteriums aufwiesen. Und sofort dürften bei allen Hobbybiologen und Freizeitmedizinern die Alarmglocken schrillen. Schließlich kommt dieses Bakterium eigentlich im menschlichen Darm. Und bestimmte Stämme des Bakteriums können sogar tödlich sein.

Wie dieses Bakterium nun den Weg zum Handy gefunden hat, darüber lässt sich nur spekulieren. Vermutlich sind dies allesamt Mobilfunkgeräte von Menschen, die auf einer öffentlichen Toilette ihre Notdurft verrichten mussten und feststellten, dass das Klopapier alle war. In ihrer Not haben sie dann vom Stillen Örtchen aus bei einem Freund oder Bekannten angerufen und diesen gebeten, das ersehnte Wischprodukt schnell vorbei zu bringen.

Denkbar wäre natürlich auch, dass den Fäkalienphone-Besitzern das Telefon ungeschickterweise aus der Tasche gefallen und direkt in eine Toilette geplumpst ist. Die Wissenschaftler ließen all dies offen. Stattdessen sahen sie hier einen Zusammenhang mit mangelnder Hygiene der telefonaffinen Toilettengänger. Denn im Rahmen der Studie gaben 95 Prozent der Befragten an, sich nach dem WC-Besuch die Hände gewaschen zu haben.

Doch bei genauerer Betrachtung stellten die Wissenschaftler fest, dass viele Mitglieder im Münchhausen-Club sein müssen. Denn bei 16 Prozent der Telefone und Telefonbesitzer wurden Fäkalienspuren festgestellt. Womit die Erwischten dank der Teilnahme an der SCH...studie endlich ein Thema gehabt haben dürften, über das sie an einem SCH...tag wie diesem am Telefon philosophieren konnten.

Wir sauberen Schweinchen haben nun die SCH...aufgabe, vor dem Händeschütteln herauszufinden, wer diese 16 Prozent genau sind. Bis dahin gibt es von mir nur noch ein Kopfnicken zum Gruß.

Geschenkschnüffler

Während sich viele in den Wochen vor Weihnachten noch mental durch mögliche Optionen bei der Geschenkwahl für die Liebenden quälen und daher den notwendigen Einkaufsmarathon immer weiter vor sich herschieben, wissen mehr als ein Drittel bereits frühzeitig, welche Präsente unter dem Baum auf sie warten. Dies hat nichts damit zu tun, dass sie möglicherweise beim Einkauf mit dabei waren, sondern liegt vielmehr daran, dass sie die Präsente bereits vor dem Fest der Feste mehr oder weniger zufällig entdeckt haben.

Eine britische Studie mit 1.000 Teilnehmern belegt nicht nur, dass 37 Prozent schon ihre Weihnachtsgeschenke genau kennen, sondern auch, dass acht von zehn einfach nicht abwarten können, und die eigenen vier Wände systematisch nach möglichen Geschenken durchforsten. Wobei die schlimmsten Schnüffelnasen weiblich sind. Denn 40 Prozent aller Frauen wollen offenbar schon im Vorfeld sicher gehen, ob es in diesem Jahr wieder einmal nur ein Parfüm oder einen langweiligen Geschenkgutschein gibt. Bei den Männern ist es nur knapp ein Drittel, die vorher schon mal einen Blick auf die Farbe des neuen Schlips und Schlafanzugs werfen wollen.

Für diejenigen, die nun aufgeschreckt sind, hier noch schnell die Top 10 der beliebtesten Geschenkverstecke, damit sich die Suche nicht unnötig in die Länge zieht: 38 Prozent aller Geschenke lagern auf dem Kleiderschrank, 30 Prozent unter dem Bett und 26 Prozent im Kleiderschrank, womit das Schlafzimmer allgemein als ganz heißer Tipp für alle Suchenden gilt. Auf Platz 4 rangiert der Dachboden, womit die Bungalowbewohner unter den Lesern etwas außen vor sind. Platz 5 – und auch hier ist es aus baulichen Gründen nicht jedem vergönnt, zu suchen – belegt der Stauraum unter der Treppe, während Belüftungsschächte auf Rang 6 liegen und dies obwohl hier die Größe des versteckten Geschenkes doch arg limitiert scheint.

Gerne werden die Präsente auch hinter dem Sofa (Platz 7), im Auto (Platz 8) und in der Gartenhütte oder dem Schuppen hintern Haus (Platz 9) gelagert, während die eigene Garage den zehnten Platz bekleidet.

Wobei das Ganze irgendwie nicht stimmen kann. Denn ich habe bereits die ganze Liste abgearbeitet, und noch nicht eine Kleinigkeit für mich gefunden. Und es kann ja schließlich nicht sein, dass ich in diesem Jahr nicht mit wahren Geschenkbergen verwöhnt werde.

Vorbereitungstretmühle

Für einige kommt Weihnachten Jahr für Jahr ganz plötzlich. Wiederum andere bereiten das Fest der Feste schon Wochen vor Heiligabend akribisch vor, wollen an diesem besonderen Tage nichts dem Zufall überlassen. Männer neigen nicht selten dazu, sich bei der Geschenkauswahl auf die simple und schnelle Variante Parfüm oder Gutschein zu konzentrieren. Ansonsten sehen sie ihre Weihnachtsvorbereitungen spätestens, wenn sie den Baum ins Haus geschleppt und im Ständer verschraubt haben, als beendet an.

Gut, der eine oder andere ist sogar noch bereit, den Baum zu schmücken. Vorausgesetzt, für jede Kugel, die er in das Grün hängt, gibt es ein kleines Schnäpschen. Was später zu Katerstimmung unter dem Baum führen kann. Derweil liegt die Hauptlast der Vorbereitungen auf den weiblichen Haushaltsmitgliedern – und hier primär auf der Herrin des Hauses.

Gemäß einer Erhebung in Großbritannien unter 3.000 Frauen verbringt Letztere im Schnitt netto 42 Stunden mit den Weihnachtsvorbereitungen. Mit anderen Worten, fast zwei komplette Tage ohne Schlaf gehen dabei drauf. Größter Zeitfresser ist die Hatz nach den geeigneten Präsenten für die Lieben. Hierfür gehen im Durchschnitt 20 Stunden und 13 Minuten ins Land, in denen die moderne Frau sich durch die Regalreihen von genau 42 Geschäften kämpft.

Doch mit dem Besorgen der Geschenke allein ist es nicht getan. Denn die kleinen und großen Aufmerksamkeiten, von denen die Frau im Schnitt 39 zusammengetragen hat, müssen auch noch ansehnlich verpackt werden. Dies nimmt im Mittel drei Stunden und 50 Minuten in Anspruch. Daneben verwendet die moderne Frau eine Stunde und 54 Minuten darauf, Karten und Weihnachtsgrüße an Freunde und Bekannte zu schreiben und zu verschicken, wobei vieles auch online geschieht. Und dank Funktionen wie „Kopieren" und „Einfügen" sowie des Rundmailverteilers lässt sich hier bei geschickter Wortwahl und unter Vermeidung der persönlichen Anrede zumindest etwas an Zeit einsparen. Schließlich müssen noch im Mittel drei Stunden und drei Minuten für den Einkauf aller Zutaten für das geplante Festmahl eingeplant werden, um dann weitere drei Stunden und 32 Minuten am Herd zu stehen.

Und da es zu Weihnachten im Hause glänzen und funkeln soll, werden für zwei Stunden und 47 Minuten Feudel, Putzlappen und Staubtuch geschwungen. Zusätzliche zwei Stunden und 16 Minuten werden für die Erstellung von Geschenkkarten und der Dekoration benötigt, bevor dann noch einmal zwei Stunden und 27 Minuten damit verbracht werden, Haus und Hof festlich zu schmücken. Statt stolz und zufrieden mit Blick auf das Geleistete an der Festtafel Platz zu nehmen, sind viele Frauen am Heiligen Abend jedoch unentspannt und wirken zum Teil irgendwie erschöpft und leicht reizbar.

Was für den Göttergatten und die Kinder oft unverständlich ist. Denn an Weihnachten sollten doch Freude und ein wenig feierliche Stimmung herrschen. Und die sollte sich eine Frau doch nicht von so einem bisschen Arbeit im Vorfeld vermiesen lassen. Schließlich wartet ja immerhin die Aussicht auf ein überraschendes Geschenk wie Parfüm oder ein Gutschein auf sie.

Generation Drei-S

Die drei S, also Sonne, Strand und Saufgelage, scheinen alles zu sein, was das Jungvolk im Kopf hat, wenn es in den Urlaub geht. Kein Wunder, dass uns immer wieder Bilder von Teenagern und anderem jungen Gemüse erreichen, die mit Hingabe aus Sangria-Eimern trinken, in Minutenschelle große Mengen Alkohol vernichten und bis zum Morgengrauen abtanzen, sofern sie noch stehen können. Eine Einschätzung, die nun quasi amtlich belegt ist. Im Rahmen einer Studie im Auftrage des britischen Online-Reiseportals Sunshine.co.uk mit rund 1.600 Teilnehmer im Alter unter 30 Jahren kam heraus, dass es ein Drittel des jungen Gemüses im Urlaub ausschließlich zu Badedestinationen zeiht.

Weniger hoch in der Gunst stehen bei der iPod-Generation Städtetouren und Aktivurlaub auf Schusters Rappen oder im Sattel des Drahtesels. Was ja auch logisch ist. Denn weder beim Gehen noch beim Tritt in die Pedale lässt sich entspannt ein Mixgetränk oder Bierchen schlabbern ohne zu schlabbern. Elf Prozent der Altersklasse U30 kennt hingegen lediglich Skifahren und Snowboarden als Urlaubsform. Was auch irgendwie verständlich ist. Schließlich gibt es kaum einen Skiort, in dem keine Apres-Ski-Partys an der Tagesordnung sind.

Lediglich sieben Prozent der Heranwachsenden und jungen Erwachsenen konzentrieren sich bei ihrer Urlaubswahl auf Städtetrips. Grund für die Präferenz von sonnigen Gefilden am Meer ist aber angeblich nicht das Dreigestirn mit Sonne, Strand und Saufgelage, sondern allein das Preisleistungsverhältnis. Und so gaben immerhin zwölf Prozent an, am Meer den meisten Urlaub für ihr kaum vorhandenes Geld zu bekommen.

Gleichwohl räumten 41 Prozent ein, dass sie gerne bei der Wahl ihres Urlaubsortes und der Urlaubsart ein wenig mehr abenteuerlustig wären. Was vermutlich heißen soll, dass sie durchaus bereit wären, auch mal einen Städtetrip zu unternehmen, um sich dann wie weiland die großen Entdecker durch den Großstadtdschungel zu kämpfen. Vermutlich, um am Flussufer oder im Stadtpark einen Beachclub ausfindig zu machen, wo dann mit Sonneliege, Sand und Saufgelage drei ganz andere S warten.

Tageshöchstform

Nicht wenige Berufstätige beschleicht schon am frühen Montagmorgen ein gewisses Robinson-Crusoe-Feeling. Denn noch vor der ersten Tasse Kaffee haben sie selbigen auf und warten sehnsüchtig auf Freitag. Diese Stimmungslage scheint auch irgendwie dazu beizutragen, dass Montage und Freitage die uneffektivsten

Arbeitstage der Woche sind. Montags kommen viele vor allem nach entspannten Wochenenden kaum in die Gänge, während einige freitags die Arbeitswoche gerne schon mal vor der Mittagspause ausklingen lassen.

Gemäß einer Studie in Großbritannien mit 2.000 Teilnehmern im Auftrag Seven Seas Health Oils räumten 37 Prozent ein, das Wochenende spätestens freitags mittags einzuläuten und früher nach Hause zu gehen, während 21 Prozent angaben, freitags gerne mal die Mittagspause deutlich in die Länge zu ziehen. Dafür fangen nicht wenige montags ein wenig früher an zu arbeiten und bleiben mittwochs etwas länger. Derweil agieren die meisten Arbeitnehmer gemäß besagter Studie nur einmal pro Woche leistungsmäßig an ihrer Höchstgrenze. Und zwar dienstags gegen 11.30 Uhr.

Die größtmögliche Entspannung finden wir hingegen samstags zwischen 10.30 und 12.30 Uhr, also kurz nach dem wir uns aus dem Bett gepellt haben und zaghaft in ein frisches Brötchen gebissen haben.

Interessant ist in diesem Zusammenhang auch zu erfahren, dass sich 40 Prozent aller Arbeitnehmer am Ende des Arbeitstages völlig erschöpft fühlen, während 20 Prozent einräumten, nie an die eigene Leistungsgrenze zu gehen oder gehen zu müssen. Als Grund dafür, nicht mit der voller Arbeitskraft agieren zu können oder zu wollen, nannten 36 Prozent finanzielle Sorgen, die sie von der Arbeit ablenken würden.

Andererseits könnten die Geldprobleme sich noch erhöhen, wenn der Chef mitbekommt, dass die Mitarbeiter ständig nur mit angezogener Handbremse agieren und diese daher freistellt. Ich für meinen Teil kann nicht mit Bestimmtheit sagen, an welchem Wochentag und zu welcher Uhrzeit ich zu Höchstform auflaufe. Gleichwohl weiß ich genau, wann das ist. Nämlich immer dann, wenn ich diese kleine Kolumne verfasse.

Freundschaftsgaben

Zum Fest der Feste wollen viele nicht nur ihre Familienmitglieder mit kleinen Gaben erfreuen, sondern auch gute Freunde. Wahrscheinlich, weil kleine Geschenke ja bekanntlich die Freundschaft erhalten. Wobei mit Blick auf die Freunde scheinbar andere Geschenkansätze zu gelten scheinen als für die eigene Familie. Gemäß einer Studie mit 2.000 Teilnehmern im Auftrag des britischen Onlineportals Grantmywishapp.com liegen bei der Wahl der Geschenke für Freunde vor allem solche kleinen oder großen Überraschungen im Trend, an denen man selber Teil haben kann.

Überaus beliebt sind bei 54 Prozent der Beschenkten Gutscheine für einen gemeinsamen Restaurantbesuch, während sich 38 Prozent für Konzert- oder Theaterkarten begeistern können. Zumal man ohnehin gerne seine Freizeit mit Freunden verbringt und man hier einen gewissen Erlebnis- oder Genussfaktor habe, so die Begründung.

Großer Beliebtheit erfreuen sich bei 35 Prozent der Beschenkten auch DVDs mit Spielfilmen. Denn diese führen in der Regel zu einem gemütlichen Filmabend mit dem Schenkenden. Immerhin 18 Prozent können sich derweil für zumeist unnütze Spaßgeschenke begeistern, die ein Freund für einen ausgesucht hat. Hier liegt die Gemeinsamkeit dann wohl in einem kurzen Lacher.

Gleichwohl geht der Trend auch unter Freunden zu Geschenken, die eher als Kapitulation mit Blick auf den eigenen Einfallsreichtum gewertet werden können: Denn 63 Prozent erhalten üblicherweise irgendwelche Geschenkgutscheine und 41 Prozent finden jährlich Parfüm oder Duschgel unter dem Baum, was die Schenkenden für eine dufte Idee halten.

Immerhin 36 Prozent werden mit einer CD beglückt und 32 Prozent mit dem einfallslosesten aller Geschenke, mit Geld. Was unter Freunden irgendwie eine eher merkwürdige Geste ist.

Ich für meinen Teil mache es meinen Freunden und Verwandten einfach, das Passende für mich zu finden. Denn ich bin nicht sonderlich wählerisch, solange meine drei Hauptkriterien erfüllt sind: Die Geschenke müssen einfach nur groß, viel und teuer sein.

Hallo-Wach-Effekt

Den Seinen gibt es der Herr bekanntlich im Schlaf. Nur leider können viele nicht so recht in den Schlaf kommen. Alltagsprobleme, Ärger bei der Arbeit, eine Krise in der Partnerschaft oder finanzielle Sorgenfalten sorgen immer wieder mal dafür, dass es schwer fällt, ein Auge zuzutun. Im Mittel benötigen wir 46 Minuten, ehe wir ins Reich der Träume eingetaucht sind. Denn auch zu schweres oder zu viel Essen, zu viel Alkohol und zu viel Koffein können die dringend benötigte Schlafphase unnötig hinauszögern.

Und als ob dies nicht genug wäre, wachen viele mehrmals pro Nacht auf. Denn gemäß einer Studie im Auftrag von A. Vogel, einem britischen Vertrieb für Arznei- und Hilfsmittel, werden wir im Schnitt wenigstens zweimal pro Nacht aus den süßen Träumen gerissen. Häufigste Ursachen sind nervende Geräusche wie tropfende Wasserhähne, knarrende Dielen, zu laute Nachbarn, vorbeifahrende Autos oder ein Partner, der im Schlaf eine Säge simuliert, um angeblich die wilden Tiere zu vertreiben, die sich im Dschungel der Stadt verirrt haben.

Auch Haustiere wie Hunde und Katzen, die nachts durch die eigenen vier Wände schleichen und der unruhige Schlaf des Bettnachbarn sorgen für den ungeliebten Hallo-Wach-Effekt. Wobei, so die Ergebnisse der Studie, wir tendenziell am ehesten gegen 3.44 Uhr morgens erwachen. Also lange bevor der Hahn kräht und noch länger bevor der Wecker klingelt. Da kann man ja im Schlaf zu nichts kommen.

Kein Wunder also, wenn der Herr einen bis dato mit seiner Vergabepolitik konsequent übersehen hat. Daher werde ich die Frau, die mir die Welt erklärt, und den süßesten Sohn der Welt mal für ein paar Tage zu meinen Schwiegerfreunden schicken, auf Alkohol und Koffein verzichten und mich mal so richtig auspowern. Und dann will ich mal sehen, was mir der Herr so bringt. Eine Chance hat er zumindest verdient. Und es muss nichts sein, was ich auf dem Küchentisch oder vor der Haustür finde. Er kann das Geld auch einfach überweisen.

Weihnachtsfeiersünden

Das Fest der Feste rückt mit riesigen Schritten näher. Die Zeit bis zum Heiligen Abend nutzen viele Unternehmen, um im Kreise ihrer Mitarbeiter das Jahr mit einer mehr oder weniger zünftigen Weihnachtsfeier ausklingen zu lassen. Ein gemeinsames Essen gehört dazu, manchmal Bowling oder Kegeln. Manchmal geht es bei den Betriebsfeiern im wahrsten Sinne des Wortes über Tische und Bänke. Und manch eine Weihnachtsfeier wird nach der einen oder anderen Tasse Glühwein zu viel sogar zur Weihnacktsfeier. Was bei nüchterner Betrachtung am nächsten Morgen schnell zu Katerstimmung führen kann.

Eine Umfrage im Auftrag von Oral B unter 3.000 berufstätigen Männern und Frauen in Großbritannien brachte mit Blick auf die betriebsinternen Weihnachtsfeiern eine Liste der Grausamkeiten an den Tag und zeigte die schlimmsten Sündenfälle im Kreise der Kollegen.

So ergab die Umfrage, dass statistisch gesehen jede Fünfte während oder direkt im Anschluss an die Weihnachtsfeier mit einem Kollegen oder einer Kollegin das Kaugummi austauscht, während jeder Zehnte einräumte, an einem solchen Abend hemmungslos mit der Chefin oder dem Chef zu flirten. Am weitesten verbreitet ist das kollektive Ablästern über Kollegen. 31 Prozent räumten ein, hemmungslos über ihre Berufsgenossen oder die Firmen- und Abteilungsleitung herzuziehen, auch wenn diese am anderen Ende der Tafel sitzen würden oder mit im Raum seien.

Gut ein Viertel verriet zudem, sich unter Alkoholeinfluss schon mal überaus peinlich auf der Tanzfläche bewegt zu haben. Andere waren derweil bei mindestens einer Gelegenheit voll wie die Strandhaubitzen und konnten sich vor der Augen der Kollegen nicht mehr auf den eigenen Beinen halten.

Unter die Top 10 der Weihnachtsfeierpeinlichkeiten schafften es auch das Küssen von Wildfremden und die Resultate eine gelockerten Zunge. Denn allzu oft verrieten einige ihren Kollegen, was sie tatsächlich von ihnen halten. Wiederum andere ließen den Boss an einem Geheimnis teilhaben, das eigentlich nicht für seine Ohren bestimmt ist. Und immer wieder kommt es auch vor, dass Kollegen in ihrer Feierlaune etwas kaputt machen oder sogar Kleinigkeiten aus dem Partyraum oder Restaurant stehlen.

Als Folge der Fehltritte bei der Weihnachtsfeier haben gemäß Statistik gut fünf Prozent schon einmal ihren Job verloren. Also sagen Sie bitte nicht, wir hätten Sie nicht gewarnt. Schließlich wissen wir dank besagter Umfrage auch ganz genau, dass sich immerhin 14 Prozent für dieses Jahr vorgenommen haben, bei der Weihnachtsfeier ihre Lippen auf die eines Kollegen oder einer Kollegin zu stülpen. Somit dürfte auch in diesem Jahr wieder für genügend Gesprächsstoff während und vor allem nach den Weihnachtsfeiern gesorgt sein.

Temperaturstreit

In der kalten Jahreszeit sind hitzige Debatten über die Temperatur in den eigenen vier Wänden offensichtlich an der Tagesordnung. Kein Wunder, dass dem einen oder anderen nun vermutlich mit Blick auf die eiskalt, im Auftrag von Honeywell recherchierten Ergebnisse einer Studie aus Großbritannien, die ich Ihnen hier brühwarm weitergebe, ein eisiger Schauer über den Rücken laufen und gleichzeitig das Blut in den Adern gefrieren dürfte. Denn offensichtlich erhöht sich mit sinkenden Temperaturen das Risiko eines Streites über die zu große oder zu geringe Hitze unter dem gemeinsamen Dach.

Kein anderes Thema führt demnach zu mehr Streitigkeiten während der Wintermonate als die Gradzahl in den eigenen Räumen. Während Frauen tendenziell dazu neigen, schneller zu frieren, verspüren die Herren der Schöpfung selbst bei Minusgraden vor der Haustür im eigenen Wohnzimmer regelrechte Hitzewallungen. Statistisch gesehen haben sich 40 Prozent aller Paare gemäß genannter Studie mindestens zweimal am Tag heftig in der Wolle, wenn es darum geht, sich auf eine Wohlfühltemperatur zu einigen.

Rund 50 Prozent der Studienteilnehmer räumten vor diesem Hintergrund ein, dass sie in den Wintermonaten überaus schlecht schliefen, da es ihnen schlicht zu warm sei. Kein Wunder daher, dass sich die meisten Streitigkeiten mit Blick auf das Thermometer im Schlafzimmer abspielen.

Gut ein Drittel hat sich darüber in den Haaren, dass ein Partner trotz angestellter Heizung bei offenem Fenster schlafen möchte und so die ganze Energie zum Fenster raus blasen würde. Vor diesem Hintergrund argumentieren 15 Prozent gegenüber der Frostbeule namens Partner, dass das Schlafgemach den ganzen Winter über temperaturmäßig mehr an einen Hochofen gemahnen würde.

Ein weiterer Streitgrund in diesem Zusammenhang sind die hohen Energiekosten. Während die Frisepitter trotz Extradecke es gar nicht warm genug haben können, sehen die Heißblüter, die oftmals auch im tiefsten Winter mit T-Shirt durch die Wohnung laufen, im Thermostat der Heizung ein Sparventil. Eine Problemlage, die nur schwer zu lösen ist. Es sei denn, die Heizungsbauer orientieren sich endlich an der modernen Autoindustrie, wo ja die Temperaturen im Wagen auf der Fahrer- und Beifahrerseite individuell angepasst werden können.

Um nächtliche Schweißausbrüche verhindern zu können, träume ich jetzt schon davon, wenn meine Betthälfte bald per Steuerung um drei bis fünf Grad kälter gehalten wird als die der Frau, die mir die Welt erklärt. Denn dies wäre eine ausgeschlafene Idee, die uns beide besser schlafen ließ.

Glücksmomentbereiter

Zum Glück gibt es bei der ewigen Suche nach dem Glück auch jene glücklichen Momente, in denen wir für einen kurzen Augenblick Glücksgefühle entwickeln. Das kann ein vergessener Geldschein sein, den wir in irgendeiner Hosentasche finden. Das kann der Blick auf alte Fotos sein, der sofort nette Erinnerungen weckt. Das kann der Genuss eines Stückes Schokolade sein oder einfach nur eine verbale Äußerung wie die Frage eines Bekannten, ob man etwas an Gewicht verloren habe?

Im Rahmen einer Studie mit 3.000 Erwachsenen in Großbritannien kam zu Tage, welche Dinge uns die größten Glücksschübe versetzen und sogar einen mehr als bescheidenen Tag plötzlich in einem ganz anderen Licht erscheinen lassen. Dazu gehört in erster Linie der erwähnte, unverhofft wieder auftauchende Geldschein, gefolgt von der bevorstehenden Fahrt in den Urlaub und der Freude, die es bereitet, abends in ein frisch bezogenes Bett zu kriechen. Auf Platz 4 der Hitliste stehen ein paar Schwimmzüge im Meer, gefolgt vom Anblick eines strahlend blauen Himmels beim morgendlichen Erwachen.

Einen Moment in der warmen Sonne zu sitzen und zu entspannen, liegt auf Rang 6. Dicht gefolgt von kleinen Überraschungen wie mitgebrachten Blumen oder Pralinen. Auch kleine Liebesbotschaften, eine herzliche Umarmung und Dankeschönpostkarten schafften es unter die Top 10 der im Auftrag eines Getränkevertriebs ermittelten Glücksmomentbereiter.

Auf den nächsten zehn Plätzen folgen Dinge wie der Anblick eines älteren Pärchens, das Händchen hält, ein kleiner Lottogewinn, das unvermutete Treffen mit alten Freunden oder Bekannten, das Erklingen des Lieblingssongs im Radio oder der Erwerb eines vermeintlichen Schnäppchens. Erstaunlicherweise liegen eine Beförderung und die in der Regel damit einhergehende Höhegruppierung nur auf Platz 20.

Was ich durchaus nachvollziehen kann. Denn mich persönlich würde es auch so glücklich machen, wenn ich ohne befördert zu werden, das doppelte Gehalt erhalten würde.

Absatzschwierigkeiten

Absatzschwierigkeiten müssen nicht unbedingt etwas mit schlechter wirtschaftlicher Lage zu tun haben. Sie können auch die Folge eines Fehlkaufes und eines falschen Modebewusstseins sein. Eine Erkenntnis, von der wohl Tausende von Frauen ein Liedchen trillern könnten. Denn nicht wenige holde Schönheiten fragen sich schmerzgekrümmt, was einem die Weite des Weltalls nutzt, wenn die Schuhe doch zu eng sind? Das Ganze wird noch potenziert, wenn die Schuhe nicht nur zu eng sind, sondern auch noch auf hohen Absätzen daher kommen.

Dies zumindest unterstreicht eine repräsentative Umfrage aus Großbritannien, die im Auftrage eines Schuhherstellers unter mehr als 3.000 Frauen im Alter von 18 bis 65 Jahren durchgeführt wurde. Demnach ist ein Drittel aller Frauen bereits zum Opfer der eigenen Schuhe geworden. Soll heißen, die Damen wollten mit hohen Hacken elegant über das Pflaster stolzieren. Doch statt die Blicke entzückter Herrschaften auf sich zu ziehen, kam es zu folgenschweren Stürzen.

Mehr als drei Millionen britischer Frauen mussten sich einer Studie zufolge schuhbedingt in medizinische Behandlung geben. Verstauchte Handgelenke, Bänderrisse, verdrehte Knie und gebrochene Fußgelenke sind keine Seltenheit. Rund ein Drittel der Befragten räumte ein, durch den wackeligen Gang auf High Heels und Mörder-Hacken ins Stolpern geraten und auf Gesicht oder Kopf gefallen zu sein. Was im günstigsten Falle zu Kopfschmerzen, blutigen Lippen und Schürfwunden, in schlimmeren Fällen zu gebrochenen Nasen, Unterkiefern sowie beschädigten Zähnen geführt hätte.

89 Prozent der Befragten gaben an, dass ihnen unkomfortable Schuhe einen netten Abend komplett verdorben haben – auch wenn der Partner sie dann im wahrsten Sinne des Wortes mal auf Händen tragen musste. Umso erstaunlicher

wirkt da die Festsstellung, dass 79 Prozent aller Frauen bewusst Schuhe gekauft haben, obwohl diese nicht richtig saßen.

Und knapp 50 Prozent kauften sogar Schuhe, die deutlich zu klein waren, nur weil diese vermeintlich besser zu ihrem Outfit passten. Kurzum, es ist schon erstaunlich, welche große Leidensfähigkeit die Frau von heute an den Tag legt, nur um zu gefallen oder um ein vermeintliches Schnäppchen zu erwerben.

Abtastphasendynamik

Die ersten Tage und Wochen einer neuen Partnerschaft sind so etwas wie ein wichtiger Prüfstein. Hier werden nach den ersten zarten Annäherungen die Weichen für eine mögliche gemeinsame Zukunft gestellt; hier wird abgewogen wie groß die gemeinsame Schnittmenge in punkto Geschmack, Vorlieben, Abneigungen, Humor und vielen anderen Dingen ist.

Für Frauen ist diese Abtastphase scheinbar auch die Gelegenheit, ihre mögliche Einflussmacht auf den neuen Partner zu testen. Denn schon in den noch jungen Tagen der jungen Liebe tritt das Gros der neuen Herzensdamen mit einer ganzen Reihe an Veränderungswünschen an ihre neue bessere Hälfte heran.

Im Rahmen einer Studie in Großbritannien im Auftrag von Rasierklingenproduzent Wilkinsons's Sword mit 2.000 Teilnehmerinnen kam nun zu Tage, dass 70 Prozent aller Frauen in besagter Abtastphase versuchen, das Aussehen, das Benehmen und die Gewohnheiten ihrer neuen Liebschaft zumindest in Teilen zu verändern. Und zumindest ein Drittel der Damenwelt ist mit den Resultaten mehr als zufrieden und gab an, den Partner nach eigenen Vorstellungen ein Stück weit geformt zu haben.

Ganz oben auf der Veränderungshitliste steht die Bekleidung des Mannes, gefolgt von nicht akzeptierter Gesichtsbehaarung in Form von merkwürdigen Bartgebilden sowie der Frisur. Geringe Akzeptanz erfahren auch Haare an Nase und Ohren sowie die Schuhwahl und das bevorzugte Aftershave.

Große Themen sind zudem die oft vom Manne vernachlässigte Gesichtspflege, eine verbesserungsbedürftige Hygiene sowie die schlechte Ernährung. Außerdem streben die Frauen an, dass er einfach mehr über seine Gefühle redet, weniger trinkt und öfter mal mit ihr zusammen Herzschmerzfilme gucken solle.

Unter den 20 häufigsten Veränderungswünschen finden sich auch Wünsche wie, dass er weniger häufig fluchen, dass er den Toilettendeckel runter klappen, dass er seine Mutter öfter anrufen und dass er kochen lernen soll.

Eine erschreckend lange Liste, die eigentlich nur eine Frage aufwirft: Warum hat sich die Frau ausgerechnet diesen Mann ausgewählt, wenn sie ihn doch komplett anderes haben will?

Frauenbevorzugung

Männer und Frauen sind bekanntlich anders. Und für nicht wenige Männer bleiben die Frauen im Allgemeinen und speziell auch die an ihrer Seite nach vielen Jahren Partnerschaft oder Ehe ein Buch mit sieben Siegeln, dessen Geheimnisse sie wohl nie richtig zu ergründen vermögen. Eine Einschätzung, die durch eine Erhebung unter 3.000 Frauen in Großbritannien zusätzlichen Nährboden erhielt.

Gemäß der Studie im Auftrag des Lakeside Shopping Centres aus dem englischen Essex verbringen 60 Prozent der holden Schönheiten ihre Freizeit lieber mit einer Freundin als mit der eigenen besseren Hälfte. Was natürlich an der besseren Hälfte liegen kann. Schließlich gab jede zehnte Frau im Rahmen der Studie zu Protokoll, dass sie an der Seite ihres Partners nicht sie selber sein könnte. Was irgendwie nach Rollenspielen klingt.

Als unbedarfter Mann drängt sich mir natürlich da sofort die Frage auf, wer diese Frauen denn dann sind, wenn nicht sie selber? Handelt es sich um Außerirdische in fleischlicher Hülle oder um getarnte Hausdrachen? Vielleicht sind es auch die gefürchteten, zweibeinigen Geldsauger, die dem Mann die sauer verdienten Taler aus der Tasche locken, um dann im Rahmen von Einkaufsexzessen Fußkleider in rauen Mengen käuflich zu erwerben?

Bei diesen Einkaufsmarathons sind die Männer jedenfalls nicht sonderlich willkommen. Sechs von zehn Frauen gaben an, lieber mit einer Freundin shoppen zu gehen, da diese der bessere Ratgeber sei. Außerdem müsse in Gegenwart der Freundin nicht geheuchelt werden, dass die für gut befundene Bluse oder Hose trotz des stolzen Preises in Wirklichkeit ein Schnäppchen sei.

Doch nicht nur wegen der chronischen Einkaufsunlust wollen die meisten Frauen einen freien Tag lieber mit einer Freundin verbringen. Letztere sei, so unterstrich die Studie, einfach amüsanter und unterhaltsamer als der Göttergatte oder Lebenspartner. Zudem könnte mit der Freundin einfach besser abgelästert werden. Lieblingsaktivitäten der modernen Dame sind gemäß besagter Studie neben dem Einkaufen der Besuch eines Schönheitssalons sowie das Einnehmen einer entspannten Mahlzeit bei einem guten Glas Wein.

Kein Wunder, dass Männer da außen vor sind. Currywurst, Pommes und ein kühles Bier fallen nämlich nicht in diese Kategorie. Und ein Trikotgeschäft ist kein

Schönheitssalon, ebenso wenig wie ein Elektrofachmarkt von den Frauen als Einkaufsparadies anerkannt wird.

Um die Kluft zwischen Männern und Frauen noch weiter aufreißen zu lassen, sollten nicht verschwiegen werden, dass 50 Prozent der Frauen angaben, mit den Männer nicht über die gleichen Dinge reden zu können, wie mit der Freundin. Was logisch ist, denn welche Frau kennt schon die Abseitsregel im Detail?

Abnehmstartwahl

Morgen ist bekanntlich der häufigste Tag, an dem wir mit einer Diät beginnen. Ein Ziel, dass wir dann häufig schon über Nacht wieder aus den Augen verlieren, wenn wir sehen, welche Köstlichkeiten unser Kühlschrank allein für ein Frühstück bereithält. Nicht von ungefähr lehrt der Volksmund, eine Diät sei eine fette Idiotie, und das Einzige, was man während einer Diät ungehemmt in den Mund nehmen dürfe, sei das Wort „Nein".

Fakt ist, und dies belegt eine Studie aus Großbritannien, der Heimat des frittierten Mars-Riegels und anderer Dickmacher, dass nicht nur Morgen, sondern vor allem auch Dienstag ungünstige Tage sind, um einen Diät zu beginnen. Wer nämlich dienstags damit beginnt, die Kalorien zu zählen und sich selber ein Futterchen abzuziehen, bringt am Ende des Abnehmmarathons in der Regel mehr auf die Waage als vorher.

Zudem neigen die Dienstagsstarter, wie die Studie mit 2.000 Teilnehmer,n die allesamt binnen des zurückliegenden Jahres eine Diät anfingen, zeigt, tendenziell dazu, schon im Laufe der ersten Woche die Diät abzubrechen. Am Erfolg versprechensten ist demnach der Abnehmstart an einem Montag. Im Schnitt brachten diejenigen, die gleich zu Beginn der Arbeitswoche den Kalorien den Kampf ansagten, nach drei Wochen mehr als 2,7 Kilogramm weniger auf die Waage. Empfehlenswert sind auch der Diätbeginn an einem Samstag oder Sonntag.

Während den Samstagsstartern das größte Durchhaltevermögen attestiert werden kann, erzielen die Sonntagsstarter die nachhaltigsten Effekte. Denn 88 Prozent von ihnen konnten den Jojoeffekt vermeiden und das reduzierte Gewicht seither erfolgreich halten.

Welche Auswirkungen ein Diätstart an einem der anderen Wochentage hat, ließ die Studie im Auftrag der Supermarktkette Tesco leider offen. Auch mit welcher Diät die meisten Erfolge erzielt werden konnten, blieb unklar.

Daher rate ich allen Abnehmwütigen zu einer dreiwöchigen chinesischen Diät. Dabei gilt es dreimal täglich nur eine klare Hühnerbrühe mit Stäbchen zu sich zu nehmen. Alternativ könnte noch die 26-wöchige Alphabetdiät gestartet werden.

Dabei darf in der ersten Woche nur alles gegessen werden, was mit A anfängt, also beispielsweise Apfel, Ananas oder Artischocke, in der zweiten Wochen nur alles, was mit B anfängt, und so weiter. Nur sollte zum Ende der Diät nicht geschummelt werden, wenn X, Y und Z anstehen. Denn Xnitzel und Xokolade schreibt man wirklich nicht mit X.

Styling-Marathon

Ohne eine Rasur brauchen wir Männer morgens im Bad maximal gefühlte drei Minuten und 50 Sekunden, um uns komplett herauszuputzen. Davon entfallen 180 Sekunden auf das Polieren der Kauleiste, die übrigen 50 Sekunden genügen, um Gesicht und die kaum noch vorhandenen Resthaare zu waschen und mit einem Wisch zu trocknen. Anderes sieht der allmorgendliche Styling-Marathon der Damen offensichtlich aus.

Dank einer Studie im Auftrag von Toilettenartikelhersteller Imperial Leather mit 2.000 Teilnehmerinnen in Großbritannien, weiß ich nun endlich, was die Frau, die mir die Welt erklärt, eine gefühlte halbe Ewigkeit lang im Badezimmer macht. So erfahre ich, dass die Durchschnittsfrau, zu denen die Frau, die mir die Welt erklärt natürlich nicht zählt, zehn Minuten lang duscht, elf Minuten lang die Haare fönt und in Form bringt und acht Minuten benötigt, um das Make-up aufzutragen. Danach werden im Mittel noch einmal neun Minuten benötigt, ehe das richtige Outfit für den bevorstehenden Tag gefunden und übergestreift ist.

Ein Aufwand, der vielen Männern Rätsel aufgibt. Denn die Kleiderwahl dauert höchstens zehn Sekunden. Schrank auf, T-Shirt und Hose raus, Schrank zu, fertig. Gleichwohl erfreuen sich nicht wenige Herrschaften am Anblick einer gepflegten und herausgeputzten holden Schönheit.

Doch gerade die Frauen wissen, dass diese Schönheit vergänglich ist. Und dies ist nicht mal in Jahren oder gar Monaten gerechnet. Nein, noch nicht einmal in Wochen oder Tagen. Gemäß der besagten Studie sind die morgendlichen Bemühungen schon um 10.13 Uhr wieder für die Katz und der Styling-Marathon muss zumindest in Teilen wieder von vorne beginnen.

Und dies kaum mehr als zweieinhalb Stunden, nachdem die berufstätige Frau im Schnitt gegen 7.40 Uhr das Haus mit perfektem Aussehen verlassen hat. Schon müssen die Frisur gerichtet, der Lippenstift nachgezogen und das Make-up erneuert werden. Eine Prozedur, die sich für das Gros der Frauen dann um 11.44 Uhr und noch einige weitere Male im Laufe des Tages wiederholt.

Nicht von ungefähr räumen daher immerhin 43 Prozent der Frauen ein, nach einem achtstündigen Arbeitstag zumindest optisch nicht mehr dieselbe zu sein.

Kein Wunder also, dass manche Männer ihre Frauen an manchen Abenden kaum wieder erkennen. Was nichts damit zu tun haben muss, dass die beiden sich in der Wolle haben.

Qualitätsgesäß

Für diesen Traumberuf muss man wohl ganz schön ausgeschlafen sein. Und dies, obwohl es wohl den ganzen Tag in den Betten richtig hoch hergeht. Natalie Thomas ist so etwas wie eine professionelle Prinzessin auf der Erbse. Sie turnt den ganzen lieben langen Tag lang in irgendwelchen Betten herum und bekommt auch noch Geld dafür. Die Frau aus dem englischen Bedfordshire ist nämlich von Beruf Bettentesterin.

Für die Hotelkette Premier Inn reist sie als so genannter „Director of Bed Bouncing" kreuz und quer durch Großbritannien, um alle 46.000 Betten in den mehr 600 Hotels der Kette auf Herz und Nieren zu prüfen. Im Schnitt hüpft die Bettenfachfrau täglich durch 177 Schlafstätten. Wobei sie pro Bettentest gut 20 Minuten benötigt.

Zu ihrer Qualifikation für diesen hoch sensiblen Job, bei dem es nicht nur darum geht, Kuhlen, ausgeleierte Bettfedern und Krümel aufzuspüren, sondern den bestmöglichen Schlafkomfort für die Gäste sicher zu stellen, gehört ein besonders empfindliches Gesäß. Damit ihr „Arbeitsgerät" sich optimal entfalten kann, trägt Natalie nur extra dünne Stoffchen. Dicke Jeans zum Beispiel könnten nämlich das Testergebnis verfälschen.

Vor diesem Hintergrund gönnt die gute Natalie ihrem Hinterteil auch täglich eine besondere Pflege in Form von Feuchtigkeitscremes. Und weil sie nicht in Traum daran denkt, ihren Traumjob in naher Zukunft an den Nagel, oder besser gesagt an die Matratzenfeder, zu hängen, wandelt sie nun auch noch auf den Spuren von Jennifer Lopez, die ihr Hinterteil einst für 18 Millionen versichern ließ.

Natalie Thomas Arbeitgeber jedenfalls schätzt ihr Sitzfleisch in ganz besonderem Maße und will den Podex seiner Matratzentesterin für vier Millionen britische Pfund (etwa 4,57 Millionen Euro) versichern lassen. Wohl aus Angst davor, dass sich mal eine Bettfeder in den Allerwertesten bohrt oder sich die Konkurrenz von diesem Beispiel eine Scheibe abschneiden will.

Gedächtnislücken

Gerne wird von dem zarten Wesen namens Frau das Gedächtnis eines Mannes mit einem Sieb verglichen. Einem Sieb, in dessen engen Maschen chronisch die falschen Dinge hängen zu bleiben scheinen. Und so glaubt mancher Mann, etwas für sein Gedächtnis zu tun, wenn er beispielsweise als Fußballer an einem Gedächtnisturnier teilnimmt. In der Tat wirkt das Gedächtnis eines Mannes oftmals eher wie ein chaotisches Personalarchiv. Ein verstaubter Aktenschrank, in dem einiges durcheinander geraten zu sein scheint.

Denn, und dies zeigt eine Studie im Auftrag des Geschenkartikelanbietes Grandmy-wish aus Großbritannien, mehr als jeder Zehnte Kerl kennt nachweislich nicht das Geburtsdatum der eigenen Mutter. Unter insgesamt 1.231 Studienteilnehmern waren zudem sechs Prozent, die nicht mit Bestimmtheit angeben konnten, wann die eigene Partnerin ihr Wiegenfest begeht. Wobei ich mir durchaus vorstellen könnte, dass so mancher Mann, der den Geburtstag seiner Herzensdamen vergisst, zeitnahe zu diesem bedeutenden Tag etwas erlebt, was er seinen Lebtag nicht mehr vergisst.

Und, liebe Mitmänner, aus Erfahrung weiß ich, Schenken schafft Gedächtnis, während das Nicht-Schenken und Vergessen Frauen schnell mal ganz historisch werden lässt. Denn dann packen sie auf einmal ganz alte Kamellen aus. Und das ist wirklich kein Zuckerschlecken.

Fakt ist, und die zeigt die genannte Studie deutlich, sieben Prozent der Männer können sich lediglich an das eigene Geburtsdatum erinnern. Das des Partners und von Freunden und Verwandten ist ihnen gänzlich unbekannt. Dafür glänzten immerhin 38 Prozent der Herrschaften mit Detailwissen darüber, wann und wo ihr Lieblingsfußballteam das nächste Mal antreten muss.

Mit Blick auf die zahlreichen Geburtstage im Jahresturnus verlassen sich elf Prozent darauf, dass ihre bessere Hälfte ihnen rechtzeitig einen entsprechenden Hinweis gibt. Ganz mies schneiden die Herren der Schöpfung auch ab, wenn es darum geht, sich an bedeutsame Jubiläen wie den Kennenlern- oder den Hochzeitstag zu erinnern.

Als Entschuldigung führen immerhin 41 Prozent an, leider vergessen zu haben, sich dieses Datum aufgeschrieben zu haben. Womit wohl erwiesen scheint, dass das Gedächtnis jenes Ding ist, mit dem wir Männer vergessen.

Bedenkenträger

Namen sind bekanntlich Schall und Rauch. Und doch sind sie eine Art persönliches Aushängeschild. Schon in Kindheitstagen üben wir uns fleißig in der Namensvergabe, denken uns Namen für den Teddy und eine Reihe anderer Kuscheltiere aus. Das sollte uns für die kommenden Namensgebungsanforderungen des Lebens stählen. Haustiere gilt es fortan zu taufen. Mal den Hamster, mal die Katze, mal einen Hund oder einen Wellsittich. Und dann kommt eines Tages der Tag, an dem wir dem eigenen Nachwuchs einen Namen geben müssen. Schon allein, weil es nicht erlaubt ist, die Kinder schlicht durchzunummerieren. Zudem ist es nicht schön, wenn man diese mit einem „Ey, du" oder einem „Hömma, du da vorne" zum Mittagessen rein rufen würde.

Einige nennen ihre Kinder so wie sie selber und wie schon ihr Vater und der Großvater sowie dessen Vater und Großvater geheißen haben, andere nennen ihr Kind nach einem großen Vorbild oder der Lieblingstante. Wiederum andere versuchen sich möglichst fantasievolle Namen für den neuen Erdenbürger einfallen zu lassen. Wobei das Gros der Eltern mit ihrer eigenen Wahl zufrieden ist.

Gemäß einer Studie mit 1.000 Eltern im Auftrag des britischen Domainanbieters YourBabyDomainName.com bedauern nur acht Prozent die Namenswahl für ihre Nachkommen und würden ihr Kind heute anders nennen. Von den Wankelmütigen räumten 53 Prozent ein, den Namen ihres Stammhalters nur gewählt zu haben, weil er zum Zeitpunkt der Geburt total modern war.

Die Folge, wenn sie heute auf der Straße nach Kevin oder Laura rufen, drehen sich gleich zwei Dutzend Kinder auf einmal um. Und so ist es nicht verwunderlich, dass 32 Prozent die Namenswahl im Rückblick bedauern, da der gewählte Name viel zu verbreitet sei. Da kann man schon froh sein, wenn man einen Vater wie Uwe Ochsenknecht hat, der einen seiner Söhne Jimmy Blue taufen ließ. Oder Verena Pooth, die ihren ersten Stammhalter den Namen San Diego Franjo verlieh. Das sind wenigstens Namen, die keiner vergisst, auch wenn nicht klar ist, ob Uwe und Verena nicht auch zu den acht Prozent gehören.

Nackte Tatsachen

Kleine Kinder neigen bekanntlich dazu, im Gesicht zu zeigen, was sie gerade als Letztes verspeist haben. Das ist nicht immer ein schöner Anblick, lässt aber zumindest die Vermutung zu, dass es den jungen Erdenbürger vermutlich gemundet hat. Einige Eltern haben daher vorsichtshalber an allen erdenklichen Ecken des Haushaltes Tücher deponiert, um das Geschmiere mit einem Wisch schnell zu entfernen, bevor der Nachwuchs die Essensreste gleichmäßig über Einrichtungsgegenstände wie Sofa und Stuhlbezüge verteilt.

Schlimmer noch, in ihrer Weltumarmungslaune könnten die Kleinen in einem unbedachten Moment Papas sauberen Anzug auf dem Weg zu Arbeit versauen oder Muttis stadtfeines Kleid. Vor diesem Hintergrund erhalten Eltern aus berufenem Munde einen praktischen Tipp, wie sie die Schmierereien ihres Stammhalters auf den eigenen Klamotten vermeiden können.

Die britische Popikone Mel C, die eigentlich Melanie Jayne Chisholm heißt und sich als Sängerin der Spice Girls einen Namen machte, diktierte nämlich jüngst den Schreiberlingen eines britischen Klatschmagazins ihren ganz persönlichen „Top-Eltern-Tipp" in die Federn: Die Eltern sollten solange nackt rumlaufen, bis sie das Haus verlassen, empfahl die Musikerin. Und die Mutter eines Mädchens ergänzte, dass sich so garantiert Sabber- und Spuckflecken auf Klamotten vermeiden ließen.

So jung und schon so weise, möchte man spontan dem Goldkehlchen aus Whiston unweit von Liverpool zurufen. Zumal der Denkansatz noch weit mehr Potential birgt. Man könnte die eigenen vier Wände komplett fliesen und mit abwaschbaren Plastikmöbeln bestücken. Mit der neuartigen Form der innerhäusigen Freikörperkultur ließe sich so dann einiges sparen.

Man müsste nicht mehr für viel Geld zur eigenen Erbauung einen Nacktputzservice kommen lassen, sondern könnte sich daran erfreuen, wenn der Partner im Adamskostüm den Feudel schwingt, während bei ihm und ihr das eine oder andere Körperteil lustig mitschwingt. Und vor dem Besuch bei Freunden oder dem Gang zur nächsten Geburtstagsparty müsste sich niemand mehr Gedanken machen, was man den anziehen sollte. Offen bleibt lediglich die Frage, was schlimmer wäre, ein Fleck auf den Klamotten oder der Anblick manch nackter Tatsache?

Bakschischmentalität

Obwohl Bestechung in unserer Breiten nicht so weit verbreitet ist wie in anderen Teilen der Welt, gibt es auch bei uns den einen oder anderen, der gerne einmal für eine kleine Gefälligkeit die Hand aufhält. Und sei es nur, weil er zuvor die Hand über den Mund hält, um ein Geheimnis nicht auszuplappern. In der Gruppe der gekauften Schweiger sind erstaunlicherweise Kinder oft ganz vorne mit dabei.

Eine Studie aus Großbritannien im Auftrag des Versicherers Sheilas Wheels dokumentiert, dass Eltern die Verschwiegenheit ihren Sprösslingen im Schnitt umgerechnet mit rund 1610 Euro pro Jahr erkaufen. Wobei hier auch Sachleistungen mit eingerechnet sind. Denn nur ein Teil der Summe fließt in bar. Rund 31 Euro pro Woche werden vor diesem Hintergrund in Schweigegeld oder kleine „Zusatzgaben" wie Klamotten, Süßkram oder Junk-Food investiert.

Für 203 Euro pro Jahr und Kind gibt es neuen Technikquatsch oder neue Spiele für die Spielkonsole, während für knapp 180 Euro Klamotten und für weitere 170 Euro Schuhe angeschafft werden. Zudem fließen mehr als 160 Euro in Spaßaktivitäten wie Kino, Schwimmbad und ähnliches und gut 130 Euro wechseln cash den Besitzer. Und alles nur, damit der Nachwuchs das eigene Plappermaul kontrolliert und sich, wenn auf bestimmte Sachverhalte angesprochen, vehement auf die eigene Zunge beißt.

Das Gros der erkauften Heimlichkeiten machen dabei mit 54 Prozent Überraschungsgeschenke für den Ehe- oder Lebenspartner aus, von denen diese nicht vor dem Geburts- oder Jahrestag erfahren sollen. Auf Platz 2 folgen mit 26 Prozent erkaufte Lügen über das wahre Alter der Stammhalter, um beispielsweise verbilligten Eintritt in den Zoo oder das Museum zu erschleichen.

Wobei dies oft eine Milchmädchenrechnung ist, da das so Ersparte oft weniger ausmacht als die Summe, die für das Sagen der Unwahrheit aufgebracht werden muss. Dritthäufigste und zugleich kostenneutralste Bestechungsform ist es, den Kleinen zu erlauben, abends etwas länger als üblich wach zu bleiben.

Häufig werden die Kids zudem genötigt, den Mantel der Verschwiegenheit über extravagante Anschaffung eines Elternteils oder über kaputt gegangene Einrichtungsgegenstände und Geschirrteile zu hüllen. Und alles für ein wenig Bakschisch. Vermutlich ist dies auch der Grund, warum es heißt, Lügner haben kurze Beine.

Urlaubsvorbilder

Neid ist bekanntlich auch eine Form von Anerkennung. Und diese verspüren immer mehr offenbar auch mit Blick auf den Urlaub von Freunden und Bekannten. Deren Grüße aus fernen Ländern und Berichte über exotische Reiseziele und grandiose Urlaubserlebnisse locken eine wachsende Zahl von Nachahmer auf den Plan. Gemäß einer Studie mit 3.000 Teilnehmern im Auftrag des britischen Buchungsportals Teletext Holidays fühlen sich mehr und mehr Zeitgenossen berufen, ihre Urlaubsreise auf den Spuren von Freunden und Bekannten zu unternehmen, um mitreden zu können.

Rund 20 Prozent sind sich gemäß besagter Studie nicht zu fein, bis ins kleinste Detail exakt die gleiche Reise zu buchen wie ihre selbst gewählten Urlaubsvorbilder. Wenn eben möglich, sollten sogar das Hotel und das Hotelzimmer absolut identisch mit dem der Reiseidole sein. Jeder Zehnte geht sogar soweit, einen Trip in die Ferne zu buchen, obwohl er eigentlich gar nicht verreisen wollte oder – schlimmer noch – sich dies aus finanziellen Gründen gar nicht leisten kann.

Eine wichtige Rolle bei der Festlegung auf ein Reiseziel haben dabei scheinbar auch soziale Netzwerke wie Facebook. Immerhin 13 Prozent räumten ein, sich für eine Destination entschieden zu haben, nachdem sie online Bilder vom Urlaub der

Freunde gesehen haben. Wobei sich die Frage aufdrängt, ob dieser Tatbestand juristisch als Online-Stalking bewertet werden müsste?

Auch der Gruppendruck spielt offenbar eine große Rolle. Immerhin zehn Prozent gaben zu Protokoll, eine bestimmte Reise nur angetreten zu haben, weil fast alle ihre Freunden, Verwandten oder Kollegen bereits einen solchen Trip unternommen haben. Bleibt nur zu hoffen, dass dies in Wirklichkeit kein Höllentrip war, der nur geschönt dargestellt wurde. Nun werden Sie sich sicherlich fragen, was ich so im Urlaub mache? Ich kann nur so viel verraten, ich mache es wie die Fische im Aquarium meines Nachbarn. Ich tauche einfach mal eine Weile unter.

Partnergeheimnisleaks

Selbst auf die Gefahr hin, dass es für den einen oder anderen ein Schock sein dürfte, muss aus aktuellem Anlass darauf hingewiesen werden: Der eigene Partner hat eine Vergangenheit. Und die hat er (oder sie) womöglich mit jemand anderem geteilt. Vielleicht sogar mit dem vollen Programm. Sie wissen schon, vom Kaugummi austauschen bis hin zum Leben unter einem gemeinsamen Dach.

Nun mag ein solches Kapitel bereits einige Tage, Monate oder Jahre zurückliegen, und doch gibt es viele Partner, die sich von ihrem früheren Leben nicht ganz loszusagen mögen. Gemäß einer Studie aus Großbritannien mit rund 1.800 teilnehmenden Männern und Frauen räumten 36 Prozent ein, noch immer heimlich ein Foto von der oder von dem Verflossenen aufzubewahren, ohne dass der jetzige Lebensabschnittsgefährte dies auch nur erahnt.

Und es kommt noch erschütternder: Von diesen sentimentalen 36 Prozent sind, wie im Auftrag von MyMemory.com herausgefunden wurde, fast zwei Drittel Frauen. Das Bild des Ex-Lovers beziehungsweise der früheren Geliebten wird zumeist im Portemonnaie aufbewahrt und mit sich herumgeschleppt. Dies zumindest gaben 56 Prozent zu Protokoll. 32 Prozent verstecken das Erinnerungsstück stattdessen lieber in einer Schublade oder einem Schrank. Wohl weil Letztere weniger leicht verloren gehen als Portemonnaies.

Interessant ist in diesem Zusammenhang auch zu erfahren, dass 27 Prozent der geheim gehaltenen Fotos „sexueller Natur" seien. Was immer dies heißen mag. Wenn es das ist, was ich denke, findet man solche Bilder sonst nur auf irgendwelchen Schmuddelseiten im Internet. Kurioserweise teilten 74 Prozent der Befragten mit, dass sie sich umgekehrt tierisch aufregen würden, wenn der oder die Ex ein Bild von ihnen mit sich herumtragen würde.

Na ja, wenn zwei das Gleiche tun, ist das eben noch lange nicht dasselbe. Vielleicht ist das Ganze aber auch ein Fall für die moderne Internetkommune, die solche Freveltaten in einem noch zu gründenden Portal wie www.partnergeheimnisleaks.de schonungslos offen legen könnte.

Geheime Geldspeicher

Viele Leute teilen Tisch und Bett mit einem Lebenspartner. Bei aller Vertrautheit im Umgang miteinander scheint die Freundschaft jedoch beim lieben Geld aufzuhören. Gemäß einer Erhebung im Auftrage des britischen Versicherungsunternehmens Sheilas Wheels verfügen 67 Prozent derjenigen, die in einer Ehe oder eheähnlichen Gemeinschaft leben, über ein gemeinsames Konto mit dem Partner. Die übrigen Paare pflegen stattdessen unabhängig von einander eigene Bankverbindungen.

Wobei immerhin 28 Prozent nicht die leiseste Ahnung davon haben, wie viel ihr Partner verdient und wie viel Geld ihr Partner so auf den Kopf haut. Im Schnitt – so die Erhebung – haben die Partner mit getrennten Konten jeweils heimlich 2.042 Euro auf die hohe Kante gelegt.

Schlimmer noch, 23 Prozent von ihnen stehen bei ihrer Bank mächtig in der Kreide. Doch auch bei Partnern mit einem gemeinsamen Konto ist nicht immer alles hasenrein. So räumten 58 Prozent ein, ihren Partner nicht darüber zu informieren, wenn sie von dem gemeinsamen Geld etwas für sich kaufen.

Immerhin 25 Prozent sind noch perfider, zwacken zumeist über einen längeren Zeitraum in kleinen Summen heimlich etwas von dem gemeinsamen Geld ab und teilen dem Partner nicht mit, was mit dem Geld passiert ist.

Wo sie das Geld sammeln, bis die angestrebte Summe zusammengekratzt ist, scheint auch klar. Denn 37 Prozent gaben an, ein geheimes Geldversteck in den eigenen vier Wänden zu haben, das selbst der Partner nicht kennt. Für diejenigen, die nicht zu den besagten 37 Prozent gehören, daher die Empfehlung, sich mal in Ruhe zu Hause umzuschauen. Es muss ja einen Grund geben, warum sie so oft mit dem Portemonnaie Richtung Schmuckkästchen im Schlafzimmer wandert oder warum er gerne seine Geldbörse mit zum Basteln in den Keller nimmt.

Hier noch ein kleiner Suchtipp für die anstehenden Nachforschungen und die daraus resultierende Beschlagnahmung von Geldern: Die beliebtesten Verstecke sind Schubladen (15 Prozent), Einbauschränke (fünf Prozent) und der Kühlschrank oder die Gefriertruhe (zwei Prozent). Also, auf geht es. Denn, wie heißt es so schön: Wer suchet, der findet.

Leidende Hundeliebe

Jetzt ist es amtlich: Die Liebe zum Hund droht mehr und mehr vor die Hunde zu gehen. Nicht, dass man dies an der geringer werdenden Zahl an Tretminen und Hundehinterlassenschaften auf Bürgersteigen und Liegewiesen merken würde; vielmehr verdanken wir diese bahnbrechende Erkenntnis einer Erhebung aus Großbritannien im Auftrag des Online-Portals Computeractice.co.uk. Demnach hat der Computer den Hund als des Menschen bester Freund endgültig abgelöst.

Immerhin gut zwei Drittel sind davon überzeugt, dass der PC ein treuerer Weggefährte sei, als jeder Bello. Und eben diese 67 Prozent sitzen auch dem Fehlglauben auf, ein Computer sei pflegeleichter als der Wuff. Okay, mit einem Computer muss man nicht bei Wind und Wetter Gassi gehen, auch wenn dies theoretisch mit modernen Laptops möglich wäre. Der PC möchte auch in der Regel nicht mit unter die warme Bettdecke und sondert nach einem heftigen Regenguss auch nicht diese merkwürdigen Gerüche ab.

Allerdings nehmen mehr und mehr Computer in Form von Notebooks Platz auf dem Sofa und lösen so einen Verdrängungsmechanismus aus. Denn, wo der PC neben Chipstüte und Bierchen griffbereit im Standby-Modus schlummert, ist kein Platz für den Schwanzwedler. Der muss daher mehr und mehr alleine im Sessel langweilige TV-Programme glotzen und dabei auf gelegentliche Streicheleinheiten verzichten. Diese bekommt stattdessen der PC. Und zwar in Form von sanft über die Tastatur gleitenden Fingern.

Dank der eingebauten Soundkarte kann der PC nach dem Klick auf das richtige Programm sogar bellen. Ein weiterer Vorteil des Computers ist, dass dieser keine Flöhe mit nach Hause bringt. Gleichwohl muss sich auch der PC regelmäßig einer Wurmkur unterziehen, um von wild grassierenden Viren befreit oder vor diesen geschützt zu werden.

Bei aller Liebe, die auch ich für den Computer als mein wichtigstes Arbeitsgerät hege, muss ich an dieser Stelle eine Lanze für die Hunde brechen. Denn eines kann der PC trotz modernster Technik bis heute nicht: Die Pantoffel ran bringen.

Putzzwang

Der gemeine Putzzwang ist nicht länger nur durch das permanente Verlangen, alles in den eigenen vier Wänden auf Vordermann zu bringen, zu wienern und zu scheuern, wenn immer möglich, begleitet, sondern auch von einer enormen Reiselust. Dies hat nichts damit zu tun, dass es in anderen Ländern andere Putz- und

Scheuermittel gibt. Vielmehr ist der Putzzwang offensichtlich in vielen Urlaubern fest verankert, gehört zu einer Reise wie Pass, Sonnenmilch und Mückenspray.

Gemäß einer Studie mit 2.000 Teilnehmern im Auftrage des Buchungsportals hotels.com im benachbarten Großbritannien schwingen 59 Prozent aller Urlauber im Hotelzimmer selber den Putzlappen, was irgendwie putzig ist, zumal ja so ein gebuchter Übernachtungsbetrieb in der Regel über einen mehr oder weniger effektiven Zimmerservice verfügt.

Auch lässt sich durch eigene Putzleistungen die Hotelrechnung im Normalfall nicht reduzieren. Zudem mutet der Putzzwang umso erstaunlicher an, als dass die wenigsten zuhause in ihren eigenen vier Wänden einen ähnlich ausgeprägten Reinigungsfimmel an den Tag legen.

Fakt ist, so die Ergebnisse der genannten Studie, dass 60 Prozent selber morgens die Betten in ihrem Hotelzimmer machen, 45 Prozent falten die benutzten Handtücher wieder ordentlich zusammen und elf Prozent gehen sogar soweit, die Toilette selbständig zu reinigen. Was natürlich mit dem Hygienezustand des stillen Örtchens und der Angst vor Bazillen zu tun haben könnte.

Befragt nach den Gründen für ihr Handeln, gaben 59 Prozent an, es als unhöflich zu empfinden, wenn sie das Hotelzimmer in einem gewissen Chaos hinterlassen würden. 45 Prozent taten dies zudem, um nicht vom Hotelpersonal als Messie eingestuft zu werden, während vier Prozent zu Protokoll gaben, ihre Reinigungstätigkeiten im Urlaub ordentlich zu genießen.

Was ja in Ordnung wäre, wenn diese ordnungsliebenden Briten auch ordentlich rumlaufen und sich vor allem ordentlich benehmen würden. Aber dies gilt, und dies sollte ordnungshalber nicht verschwiegen werden, wohl auch für viele Deutsche. Und nicht nur am Ballermann.

Geheimniskrämerei

Heute wollen wir an dieser Stelle mal kein großes Geheimnis aus der allgemeinen Geheimniskrämerei machen. Im Gegenteil ich werde frank und frei hier und heute Ross und Reiter nennen, auch wenn dies von dem einen oder anderen als Hofverrat geächtet werden dürfte. Fakt ist, für viele von uns ist die bessere Hälfte nicht der eigene Partner, sondern irgendein Kollege.

Diese Vermutung legen zumindest die Ergebnisse einer Studie mit 3.000 Teilnehmern aus Großbritannien im Auftrag von StinkyInk.com nahe. Demnach sind viele eher geneigt, ein Geheimnis oder auch Sorgen, Nöte und Gefühle mit einem Arbeitskollegen zu teilen, als mit dem jeweiligen Partner. Statistisch gesehen, kennt ein jeder fünf Dinge über seinen Kollegen, die dem jeweiligen Partner völlig unbekannt sind. 22 Prozent gehen sogar soweit, zu behaupten, sich mehr zu den Kollegen hingezogen zu fühlen als zu der Person, mit der sie Tisch und Bett teilen.

Was ich für meinen Teil natürlich nicht bestätigen kann und will, da ja die Gefahr besteht, dass die Frau, die mir die Welt erklärt, diese Zeilen hier liest. Und ich will kein Geheimnis daraus machen, dass ich Ärger bezüglich irgendwelcher Dinge, die ich nicht mit ihr teile oder ihr nicht mitteile, unbedingt vermeiden möchte.

Doch zurück zu der Studie. Fast ein Viertel der Befragten gab an, unterm Strich im Alltag besser mit den Kollegen als mit dem eigenen Partner klar zu kommen. Und jeder zehnte Mann würde nach eigenem Bekunden sogar lieber mit den Kollegen in den Urlaub fahren, als mit der eigenen Frau. Was natürlich auch an der Frau liegen kann. Aber da wollen wir uns ausnahmsweise an dieser Stelle mal kein Urteil zu erlauben.

Der Grund für die große Vertrauensseeligkeit innerhalb der Kollegenschaft liegt, so die Forscher, darin, dass wir im Schnitt mindestens acht Stunden am Tag in diesem Kreise verbringen und dieses gemeinsame Erleben verbinden würde. Acht Stunden am Tag verbringen wir ansonsten höchstens noch im Bett. Und angesichts der Ergebnisse dieser Studie, bin ich ganz froh, nicht wissen zu müssen, was in Deutschlands Betten alles so geheim gehalten wird. Denn darüber zu schreiben, fiele mir im Traum nicht ein.

Schnappatmungsphänomen

Na, sind Sie schon wieder vom Umblättern der Zeitung leicht aus dem Atem gekommen? Ist es Ihnen fast schon ein bisschen zu anstrengend, die Zeitung morgens aus dem Briefkasten zu holen? Und haben Sie jetzt schon wieder Angst, etwas schneller als gewöhnlich zur Bushaltestelle gehen zu müssen, um nicht den Anschluss zu verpassen? Doch ich kann Sie beruhigen. Mit diesen Signalen ihres Körpers sind sie nicht allein. Denn mehr und mehr Menschen sind körperlich kaum belastbar.

Dies gilt vor allem für unsere britischen Nachbarn. Die sind gemäß einer Studie im Auftrage der Benenden Healthcare Society so spritzig und fit wie ein Schluck Wasser in der Kurve. Von 2.000 Studienteilnehmern gaben 31 Prozent an, minutenlang völlig fertig zu sein, wenn sie mal wieder einen kurzen Sprint zur Bushaltestelle eingelegt haben. Die maximale Distanz, die der Untertan von Elizabeth II ohne Pause rennend zurücklegen kann, liegt gemäß der genannten Studie bei exakt 88 Metern.

Daneben war zu erfahren, dass jeder Dritte Schmerzen verspürt, nachdem er (oder sie) Einkäufe in den Kofferraum des Wagens geliftet oder in die eigenen vier

Wände geschleppt hat. 29 Prozent bekommen gar Schweißausbrüche, wenn sie das Badezimmer oder die Toilette reinigen. Was irgendwie auch Rückschlüsse auf den Zustand und den Verschmutzungsgrad von Nasszelle, Waschbecken und WC zulässt.

Fast 60 Prozent räumten ein, sich nach dem Rasenmähen oder dem Staubsaugen erst einmal ein wenig hinsetzen zu müssen. Und 54 Prozent nutzen, wenn immer möglich, den Fahrstuhl oder die Rolltreppe. Wohl auch weil bei einem guten Drittel schon nach dem Meistern einiger weniger Stufen automatisch die Schnappatmung einsetzt.

Zudem legt der Brite im Schnitt gerade einmal 3,2 Kilometer pro Tag zu Fuß zurück. Und dies inklusive aller Wege, die im eigenen Haus zwischen Bett, Toilette, Fernseher und Kühlschrank beschritten werden. Das sind wohlwollend auf den Tag umgerechnet 133,4 Meter in der Stunde oder 2,2 Meter pro Minute.

Womit auch klar ist, wie lange der Brite für jene 88 Meter braucht, die er am Stück ohne Pause laufen kann. Beim Schneckenrennen hat er so auf jeden Fall keine Chance.

Eckige Augen

Zu intensiver Fernsehgenuss führt zu eckigen Augen. Dies zumindest haben ganze Generationen von ihren Eltern und Großeltern immer und immer wieder eingetrichtert bekommen. Doch im 2.0-Zeitalter droht nicht nur das Fernsehen die Form der Augen dauerhaft zu verändern. Auch die Displays und Bildschirme von Handy und Smartphone, Laptop und Computer oder Lesegeräte für elektronische Bücher scheinen magnetische Wirkung auf unsere Augäpfel zu haben.

Gemäß einer Studie aus Großbritannien im Auftrag von Esure, einem Online-Versicherer, starrt ein jeder von uns im Schnitt 11,8 Stunden am Tag auf irgendwelche Bildschirme, Displays oder elektronischen Anzeigetafeln. Drei Stunden davon hängen wir vor der Glotze, 4,7 Stunden vor dem PC. Außerdem wenden wir uns im Mittel 1,2 Stunden dem Display unseres Handys oder Smartphones zu. Hinzu kommt die Beschäftigung mit dem iPad oder dem Lesegerät. Wenn wir dann noch acht Stunden Schlaf dazu addieren, bleibt eigentlich kaum noch Zeit für etwas anderes.

Was noch viel erschreckender ist, 69 Prozent haben laut besagter Studie regelmäßig zwei Bildschirme oder Displays gleichzeitig im Einsatz. Was logisch erscheint. Schließlich haben die meisten von uns ja auch zwei Augen. 27 Prozent sind sogar so bildschirmsüchtig, dass sie innerhalb von maximal drei Minuten, nachdem der Wecker ihre wohlverdiente Nachtruhe beendet hat, überprüfen, ob sie eine neue

SMS oder Mail bekommen haben. Während dies für weitere 42 Prozent die erste Aktion des Tages noch vor der Morgentoilette oder dem Zähneputzen ist.

Und 37 Prozent der insgesamt 3.000 Studienteilnehmer räumten ein, vor dem Schlafengehen noch schnell einen Blick auf die elektronischen Postkästen zu werfen. Fast jeder Fünfte checked sogar nachts die SMS- oder Maileingänge, falls er aus irgendeinem Grunde mal aufwacht. Daher stehen häufig nicht mehr nur die Zähne im Becher auf dem Nachttisch. Auch das Handy oder iPad hat hier bei vielen längst einen festen Platz gefunden.

Statt wie Stars und Sternchen ständig auf dem Bildschirm präsent zu sein, sind bei uns also die Bildschirme ständig präsent. Was ich persönlich total nervig finde. Denn aufgrund der vielen Kurznachrichten und Mails komme ich kaum dazu, mich mal in Ruhe mit meiner nicht vorhandenen Spielkonsole zu beschäftigen. Vielleicht ist das auch der Grund, warum mir so ein Ding nicht ins Haus kommt.

Gepäcktraining

Jetzt ist es amtlich: Verreisen ist genauso effektiv wie ein sportliches Fitnessprogramm. Denn eine Reise stellt große Anforderungen an die Fitness. Da müssen schon in den eigenen vier Wänden zahllose Meter zurückgelegt werden, um alle Klamotten für die Reise zusammen zu bekommen; da müssen scheinbar tonnenschwere Gepäckstücke ins Auto, Taxi, den Bus oder die Gepäckablage geliftet werden und da müssen auf Bahnhöfen und Flughäfen schier endlose Wege mit dem Gepäck unter dem Arm zurückgelegt werden.

Gemäß einer britischen Studie im Auftrage des Buchungsportals hotels.com verbrennt der Reisende im Rahmen dieses obligatorischen Gepäckmarathons rund 500 Kalorien, bevor er völlig erschöpft das Reiseziel erreicht.

Zum Vergleich: Nach einer Stunde Fußball spielen, sind gerade einmal 554 Kalorien verbraucht, nach einer Stunde Radfahren gar nur 368 Kalorien und nach 45 Minuten Joggen genau 548 Kalorien. Mit anderen Worten, wer regelmäßig verreist, kann sich den Gang ins Fitnessstudio oder andere sportliche Aktivitäten schenken. Das kostet viel Zeit und Geld.

Beides kann man lieber in schöne Reisen investieren. Zumal ein jeder von uns statistisch gesehen im Laufe seines Lebens zusammenaddiert 3.040 Kilogramm an Gepäck auf Reisen mit sich herumschleppt – und dies bei einem Durchschnittsgewicht von etwa 18 Kilogramm pro Koffer.

Damit ist der Koffer eindeutig besser als jede Hantel. Und es kostet weniger Überwindung, den Koffer in die Hand zu nehmen, als sich auf den Weg in eine Muckibude zu machen. Nicht unerwähnt bleiben sollte in diesem Zusammenhang, dass

32 Prozent der Frauen im Rahmen der Studie einräumten, auf die Manneskraft zu vertrauen, wenn es um die Gepäckbeförderung auf Reisen geht.

Und ganz ehrlich, ein Blick auf das stattliche Bäuchlein des einen oder anderen Herrn gibt diesem Drittel des zarten Geschlechts durchaus Recht. Denn viele können ein paar Extraaktivitäten gebrauchen. Und sei es das Schleppen von Koffern.

Streitkultur

Na, hängt bei Ihnen zu Hause der Haussegen mal wieder richtig schief? Sind heute mal wieder die Fetzen so richtig geflogen? Ach, hören Sie doch auf. Leugnen hat keinen Zweck. Ich weiß genau, wie viele Streithähne und -hennen bei Ihnen unter dem Dach wohnen. Und ich weiß genau, wie oft Sie und Ihr Partner sich in der Wolle haben. Das hat nichts damit zu tun, dass wir Nachbarn sind, was wir nun mal definitiv nicht sind, oder dass ich Sie belausche. Auch ihre „echten" Nachbarn haben Sie nicht bei mir angeschwärzt, was zu Recht für viel Ärger und Streitereien sorgen würde.

Die Quelle meines faszinierenden Wissens ist eine britische Studie mit 3.000 Teilnehmern im Auftrage des Versicherungsunternehmens Esure. Demnach streitet sich das durchschnittliche Paar stolze 2.455 Mal pro Jahr. Dies entspricht nach Eva Zwerg etwa 7,2 Auseinandersetzungen pro Tag. Im Schaltjahr minimal weniger. Hauptstreitpunkt ist demnach, dass ein Partner dem anderen partout nicht zuhören will, weil er gerade irgendetwas anderes im Kopf hat, was wichtiger erscheint. Dies bringt den Partner im Mittel 112 Mal pro Jahr auf die Palme.

Zweitgrößtes Dauerärgernis sind die unterschiedlichen Auffassungen über den Umgang mit dem lieben Geld. Dies sorgt über 100 Mal pro Jahr für Misstöne. Vordringlich weil man kein Geld mehr hat, einfach mehr davon benötigt oder die Sinnhaftigkeit einer Ausgabe von mindestens einem Partner kritisch hinterfragt wird. Ein Zankapfel ist ferner die Faulheit des Partners, der sich bis zu 105 Mal pro Jahr den Vorwurf gefallen lassen muss, in den eigenen vier Wänden nicht genug zu tun, um diese auf Vordermann zu bringen.

Echte Stimmungskiller sind auch die Diskussionen darüber, was heute auf den Tisch kommen soll (92 Mal) oder welches TV-Programm (91 Mal) geglotzt werden soll. Ganz zu schweigen von dem Thema Sex, das wir eigentlich an dieser Stelle lieber verschweigen würden. Aber da dies unweigerlich zu unschönen Diskussionen führen würde, soll an dieser Stelle kurz erwähnt werden, dass Sex oder besser gesagt nicht genügend oder wenig befriedigender 88 Mal für Unfrieden im Jahr sorgt.

Gerne wird auch mal ein Streit wegen zu schnellen Fahrens, stümperhaften Einparkens, Dreck und unaufgeräumte Ecken in den eigenen vier Wänden oder der Nichtereichbarkeit am Telefon vom Zaun gebrochen. Da kann man fast schon froh sein, dass man statistisch gesehen einen Drittel des Tages verschläft. Es sei denn, man schnarcht. Dann gibt es 102 Mal im Jahr Diskussionen, die einem komplett den Schlaf rauben können.

Zeitfresser Shopping

Klamotten einzukaufen, ist für viele Frauen eine der beliebtesten Freizeitbeschäftigungen, noch dazu eine, deren Ergebnisse sich gleich tütenweise nach Hause schleppen lassen. Nun ist die Qual der Wahl in den unzähligen Boutiquen und Bekleidungsfachgeschäften mit unter nur schwer zu ertragen. Sogar so sehr, dass die Frau gerne mal die 46. weiße Bluse ersteht oder das 29. schlichte, schwarze Top. Schließlich kann man oder besser gesagt, die Frau, von beidem nicht genug haben. Was natürlich auch für Schuhe, Hosen, Röcke, Jacken, Mäntel und, und, und gilt.

Dabei ist der Einkaufsmarathon wahrlich kein Vergnügen, kostet oftmals viel Geld und fast immer viel Zeit. Besonders viel Zeit verwendet laut eine Studie aus Großbritannien im Auftrag der Drogeriekette Superdrug die moderne Dame von heute auf die Wahl eines passenden Outfits für die Hochzeit ihrer besten Freundin. Genau zwei Stunden und 53 Minuten gehen im Durchschnitt ins Land, bevor die Frau sicher ist, das Richtige gefunden zu haben. Dabei ist es offensichtlich wie auf der Suche nach dem Traumprinzen, wenn viele Frösche geküsst werden müssen. Und so gilt es sich während der besagten 173 Minuten in zahllose Kleidungsstücke zu zwängen, um dann nach einem Blick in den Spiegel zu entscheiden, dass dies doch nicht der geeignete Fummel für die Hochzeit sei.

Fast genauso herausfordernd scheint die Hochzeit eines Verflossenen. Denn, um diesem kurz vor dem Jawort mit der Neuen noch einmal klar zu machen, wie falsch seine Wahl doch ist, investieren Frauen zwei Stunden und 19 Minuten für den Kauf und die Auswahl der jeweiligen Klamotten.

Das ist ein weitaus höherer Aufwand als beispielsweise für das erste Rendevouz. Dafür werden gerade einmal eine Stunde und 48 Minuten benötigt. Vermutlich, weil der Kerl sich bei seiner Feuertaufe mit der möglichen neuen Dame seines Herzens nicht zu sehr auf Äußerlichkeiten konzentrieren soll. Eine These, die durch die Tatsache unterstrichen wird, dass die holden Schönheiten selbst für den Erwerb einer komfortablen Jeans im Mittel 91 Minuten benötigen und das Outfit für ein Vorstellungsgespräch nach 89 Minuten gefunden haben.

Unverhältnismäßig lange dauert hingegen gemessen an der Menge des Stoffes der Kauf eines Bikinis. Eine Stunde und 16 Minuten gehen ins Land, bevor das strand- und figurtaugliche Stöffchen gefunden wurde. Es sei denn, die beste Freundin heiratet ganz romantisch an einem Strand irgendwo in der Karibik.

Hochseesaufen

Das Kreuz mit Kreuzfahrten ist, dass man an Bord der Kreuzfahrtschiffe zwischen den Landgängen nicht viel zu tun hat. Da kann man schon mal akute Kreuzschmerzen vom vielen Rumliegen auf dem Deckchair bekommen. Trotz verschiedener Freizeitmöglichkeiten an Bord kann die Seereise sich schon mal ein wenig in die Länge ziehen. Sogar so sehr, dass manch einer am liebstem dem nächsten Hafen entgegen schwimmen würde. Aber dann würde es vermutlich noch länger dauern, bis man wieder festen Boden unter den Füßen hat.

Und so nutzen viele die entspannte Atmosphäre an Bord für den einen oder anderen gepflegten Drink. Gemäß einer britischen Studie im Auftrag des Online-Portals CruiseCompare.co.uk mit knapp 1.200 Kreuzfahrtpassagieren trinken 76 Prozent der Befragten während einer Seereise deutlich mehr Alkohol als bei einem Urlaub an Land. Ob dies daran liegt, dass sie die Schiffstour nur im Suff ertragen können, blieb offen.

Das Gros der Kreuzfahrer gab an, zwischen fünf und acht alkoholische Getränke pro Tag zu sich zu nehmen. Wobei sich 31 Prozent mit Vorliebe auf Cocktails stürzen, während 24 Prozent vornehmlich die Champagner- oder Sektkorken knallen lassen. Als Gründe für den erhöhten Alkoholgenuss nannte die Mehrheit, dass die Getränke in der Regel im Reisepreis enthalten seien. Und wenn es schon bezahlt ist, kann man das Zeug ja ruhig trinken. Das erklärt vermutlich auch, warum eine Seefahrt bekanntlich so schön und lustig ist.

Der zweitwichtigste Grund für das kollektive Hochseesaufen nannten die Studienteilnehmer das „sichere Umfeld" des Schiffes. Vermutlich meinten sie damit, dass sie sich an Bord kaum verlaufen können und dass sie sich ruhig kräftig einen hinter die Binse gießen können, weil ja niemand mehr fahren muss. Der Kapitän wird schon versuchen, dass Schiff durch ruhiges Fahrwasser zu steuern. Und wenn der Dampfer dann doch mal von Wellen kräftig durchgeschüttelt wird, ist das auch nicht schlimm. Denn sieht wenigstens niemand, warum die Passagiere wirklich torkeln.

Sparansätze

Um der Schuldenlast von Staat, Ländern und Kommunen Herr zu werden, müssen wir eisern sparen – koste es was es wolle. Allein fehlt es oft an zündenden Ideen, wie das Sparschwein gefüllt und das Staatssäckel entlastet werden kann. Ein Spardruck, dem nicht nur Deutschland massiv ausgesetzt ist. Auch die europäischen Nachbarn versuchen mehr oder weniger erfolglos, die Kostenbremse zu ziehen. Im Vereinigten Königreich beispielsweise wurde vom Finanzministerium eigens eine Internetseite eingerichtet, auf der die Briten online ihre eigenen Ideen und Sparvorschläge publik machen konnten.

Ein Ansatz, den sich die Behörde hätte sparen können. Zwar geizten die Untertanen von Königin Elisabeth II nicht mit Vorschlägen, allein deren Praktikabilität und Ernsthaftigkeit musste hier und da leicht angezweifelt werden. So schlug ein Brite vor, Haustiere zur Stromgewinnung auf Laufbänder zu setzen. Damit schlüge man zwei Fliegen mit einer Klappe. Hunde beispielsweise hätten genügend Auslauf und gleichzeitig würde so jede Menge erneuerbarer Energie erzeugt. Offen blieb dabei die Frage, wie man Wuff und Bello dazu bewegen soll, zwei, drei Stunden am Stück über ein Laufband zu rennen. Schließlich gibt es immer etwas zu schnüffeln und außerdem muss ab und an das Bein gehoben werden. Das würde dann zumindest den Begriff Wechselstrom erklären.

Ein anderer User schlug derweil vor, dass Fassungsvermögen der Teetassen in den Beamtenstuben auf 150 Milliliter zu begrenzen. Dies würde dazu führen, so die Rechnung des innovativen Vordenkers, dass die Staatsdiener wenig häufig zur Toilette müssten und ergo mehr Zeit hätten, um im Dienste des Volkes ihre Arbeit zu verrichten. Was natürlich Quatsch ist. Wer kleinere Tassen hat, muss viel öfter die Arbeit unterbrechen, um aufzustehen und einen neuen Tee zu machen.

Interessant war auch der Ansatz für die Erhebung einer Zufallssteuer. Diese solle zum Beispiel einfach mal so allen Leuten aufgebrummt werden, die mit Vornamen Steve oder Paul heißen. Erstaunlicherweise war das Finanzministerium Ihrer Majestät not amused über derartige Vorschläge und schaltete das Portal einfach wieder ab. Das spart auch. Und zwar Gebühren für das Betreiben der Seite und die Arbeitskraft des Webmasters.

Laufgeschichte

Gut, es muss nicht unbedingt London sein. Obwohl in der britischen Hauptstadt schon gewisse Standards festgelegt werden. Und der Rahmen passt. Schließlich ist die Metropole an der Themse Europas Stadt der Superlative. Was läge also näher, als in der größten Stadt des Kontinents mit gleich einer ganzen Reihe an Höchstleistungen aufzuwarten? Dabei geht es nicht um das höchste oder größte Gebäude, die Einwohnerzahl oder die älteste Verfassung, sondern um genau 42.195 Metern. Sportler werden nun sofort aufmerken, dass dies die Strecke eines Marathonlaufs sei. Und genau um einen solchen geht es.

Beim London Marathon gingen neulich mehr als 30.000 Starterinnen und Starter das Rennen an, was an sich schon rekordverdächtig ist. Doch der eigentliche Rekord liegt im Aufstellen von nicht weniger als 35 neuen Rekorden, die Eintrag in das "Guinness Buch der Rekorde" gefunden haben. Und einige der erzielten Bestleistungen werden fraglos noch über Generationen für Gesprächsstoff sorgen.

So trug sich John Sandford Hart in 6:24,48 Stunden als schnellster Mann, der je auf Krücken einen Marathon absolviert hat, in die Siegerliste ein. Fraglos eine famose Leistung, die Hochachtung verdient. Gleichzeitig ist er nun alleiniger Weltrekordhalter, da er als erster Mensch sechs dieser Läufe auf Krücken beendet hat.

Doch es gab noch mehr grandiose Bestleistungen, die ihresgleichen suchen. Kevin Harvey zum Beispiel ist nun der schnellste Läufer im Krankenpflegerkostüm, während Paul Swan als schnellster Träger einer Polizeiuniform und Ben Afforselles als schnellster Mann im Wikingerkostüm gekürt wurde. David Smith setzte die Maßstäbe als schnellste Ingwerbrot, Mike Barton als schnellstes Obst und damit wohl als Superfrüchtchen.

Dem standen auch Julie Tapley als schnellstes weibliches Gemüse und Gavin Rees als männliche Flasche in nichts nach. Auch im Hochzeitskleid, als Nonne, als männliche und weibliche Fee und als Astronaut – um nur einige zu nennen – wussten Teilnehmer ihren Platz in der Sportgeschichte zu sichern.

Nun überlege ich, mich auch zu einem Marathon in London, New York, Berlin oder Hamburg anzumelden, und ebenfalls Sportgeschichte zu schreiben. Bei knapp zwei Metern Länge könnte ich mir vorstellen, als größte Marathon-Schnecke der Welt anzutreten. Von meinen läuferischen Fähigkeiten her hätte ich durchaus das Potenzial, dem Kriechtier alle Ehre zu machen.

Muttertagsbegehren

Manche bringen es auf eine einfache Formel. Da gibt es Menschen, die behaupten mit einem gewissen Augenzwinkern, der Muttertag komme neun Monate nach der Vaternacht. So weit, so richtig. Nicht von ungefähr werden die Arbeit und das Engagement der Mütter, die sich ja weit über den eigentlichen Akt der Geburt hinaus erstrecken, im deutschsprachigen Raum und vielen anderen Ländern seit dem frühen 20. Jahrhundert immer am zweiten Sonntag im Wonnemonat Mai gewürdigt. Daher sind am Muttertag viele bestrebt, ihrer Mutter für ein paar Stunden zur Hand zu gehen und sie ein wenig zu verwöhnen, während sie so tut, als mache ihr die jahrelange Arbeit nichts aus.

Im Rahmen einer britischen Studie mit 3.000 Müttern im Auftrage des Grußkartenherstellers Clinton Cards kam nun heraus, was sich Mütter an ihrem Ehrentag wirklich wünschen. Dass den ersten Platz ein liebevoller Gruß auf einer Karte oder eine Karte mit einem Gedicht einnahmen, ist natürlich reiner Zufall.

Platz 2 belegte der Wunsch nach „Quality time" mit der Familie. Nein, das ist nichts Süßes. Das heißt Quality Street und wird auch gerne an Muttertag verschenkt. Wichtiger ist den Müttern, Zeit mit der Familie zu verbringen. Platz 3 belegen kleine, mit bedacht ausgewählte Geschenke, zu denen auch die genannten Schokopralinen gehören können, gefolgt von einem netten Tagesausflug sowie einem einfachen und ehrlichen Dankeschön der Kinder.

Erst auf Platz 6 in der Hitliste wird der Wunsch, mal so richtig auszuschlafen, geführt. Diesen hegen scheinbar drei von vier Frauen, wobei nur jede Sechste optimistisch ist, auch tatsächlich eine Extramütze Schlaf erhalten zu können. Platz 7 nimmt der Wunsch ein, einmal von den Lieben bekocht zu werden, gefolgt von einem Blumenstrauß als Aufmerksamkeit, einem selbstgebastelten Geschenk sowie der Hoffnung von immerhin 25 Prozent der Mütter, dass an diesem Tage ausnahmsweise mal ein anderes Mitglied der Familie den Tisch abräumen möge.

Wobei nur jede Zehnte optimistisch ist, dass die Küchenfrondienste nicht doch an ihre hängen bleiben. Und als ob all dies nicht genug sei, wünscht sich die Mehrheit der Mütter auch noch einen Tag ohne jegliche Streitereien, womit der Ärger ja quasi vorprogrammiert scheint. Zumal viele Kinder sich auch am nächsten Muttertag mit Blick auf das Verwöhnprogramm und die Geschenke für die eigene Mutter wieder stark zurückhalten werden. Schließlich ist der Überfluss bekanntlich die Mutter der Langeweile. Und wer möchte schon, dass sich seine Mutter langweilt?

Einkaufseffektivität

Jetzt ist es amtlich. Frauen tun es wesentlich öfter. Männer tun es weniger häufig, sind aber eindeutig besser, schneller und effektiver. Die Rede ist nicht vom Hausputz, sondern vom Einkauf. Letzteres ist für viele Frauen eine Passion und Lieblingsbeschäftigung zugleich. Und doch tun sich Frauen oft schwer damit, bei ihren stundenlangen Trips durch die Ladenauslagen der Geschäftswelt das Richtige zu finden.

Im Rahmen einer Studie mit 3.000 Teilnehmern brachten Forscher in Großbritannien ans Tageslicht, dass Frauen zwar wesentlich öfter und wesentlich länger shoppen gehen als Männer, dafür deutlich häufiger mit leeren Händen und entsprechend enttäuscht ergebnislos vom geplanten Einkaufsmarathon zurückkehren. Männer benötigen im Schnitt lediglich 26 Minuten, um das Gewünschte käuflich zu erwerben.

Wobei die Forscher den Männern attestieren, in der Lage zu sein, in einen Laden hineinzugehen, kurz das Angebotene mit scharfem Blick zu scannen, auszuwählen und dann blitzschnell eine Kaufentscheidung zu fällen.

Und das wichtigste: 75 Prozent der Herren sind anschließend mit dem erstandenen Produkt vollauf zufrieden, während bei den Frauen – kaum wieder zuhause – immerhin 55 Prozent Zweifel an der Richtigkeit des Kaufes haben oder diesen gar komplett bereuen. Für das männliche Geschlecht, so legte die Studie nahe, ist ein Einkaufstrip mehr eine Pflichterfüllung, für Frauen mehr ein Vergnügen, was besonders beim Kleidungskauf deutlich wird.

Während Frauen versuchen, mit der Mode Schritt zu halten, halten die Männer eher Ausschau nach Klamotten, die nicht dem Modediktat unterliegen und problemlos über Jahre getragen werden können, ohne altmodisch zu wirken. Zudem wissen Männer, dass die Klamotten, die vielleicht doch mal aus der Mode gekommen sind, nur lange genug im Kleiderschrank gelagert werden müssen. Denn irgendwann sind sie wieder in. Und dann muss Mann nicht extra losschlappen und neue Sachen kaufen. Das nennt man wohl zeitlosen Chic.

Beziehungssuppe

Romantik wird gerne als beliebter Baustil für Luftschlösser verwendet. Gleichwohl gilt sie als das Salz in der Beziehungssuppe. Und wie bei allen Mahlzeiten besteht die Gefahr, dass das Ganze zu wenig gewürzt oder völlig versalzen ist. Wobei vor allem Letzteres nicht selten zu salzreichen Tränen führt. Grund ist wohl auch, dass Männer und Frauen offensichtlich unterschiedliche Vorstellungen davon haben, was romantisch ist.

Im Rahmen einer repräsentativen Umfrage unter 2.000 Männern und Frauen in Großbritannien im Auftrag der Supermarktkette Sainsbury's kam zu Tage, dass die Herren der Schöpfung jeden von ihnen gerührten Finger im Haushalt selber als romantischen Akt werten.

Auf die Frage, was sie tun würden, wenn sie die Dame ihres Herzens mit einer romantischen Geste überraschen wollten, bildeten Bügeln, Abwaschen und den Müll raus bringen die beleibtesten Ansätze bei den männlichen Untertanen der Themesen-Elli. Gefolgt von Staubsaugen und dem Wegräumen der eigenen Sachen. Jeder Zehnte ergänzte die Liste durch das Runterklappen des Toilettendeckels und ebenso viele sahen den Verzicht darauf, in Anwesenheit der Liebsten durch die Hose zu schimpfen, als durchaus großes Zeichen ihrer Liebe an. Dem Rest war dies eher im wahrsten Sinne des Wortes pupsegal.

Gleichwohl hätte eine solch dufte Idee fraglos das Romantikherz der Fersehwoche verdient. Obschon diese in der Regel nur von Romantik triefende Schnulzen im Fernsehen präsentiert. Doch dies ist ein ganz anderes Thema.

Die britischen Frauen wiederum scheinen die herzergreifenden Gesten ihrer besseren Hälfte nicht richtig zu würdigen wissen. Denn im Rahmen der Studie verriet die Damenwelt von der Insel, doch ganz andere Vorstellungen von Romantik zu haben. Dazu gehört, von ihm unaufgefordert bekocht zu werden, in der Öffentlichkeit Händchen zu halten, das Hinterlassen kleiner Liebesbotschaften für sie in den eigenen vier Wänden und einfach mal ein Schaumbad für sie einzulassen.

Ergänzt wird die Liste durch einen Abschiedskuss, wenn er das Haus verlässt. Hoch angerechnet wird auch, wenn er Geburtstage und gemeinsame Jubiläen wie den Kennenlerntag oder den Hochzeitstag nicht vergisst oder ihr ganz gentlemanlike die Tür aufhält.

Was natürlich den Schluss zulässt, die Frauen hätten einfach zu viele Filme geguckt, die vom Romantikherz der Fernsehwoche präsentiert werden. Vielleicht liegt es auch daran, dass Frauen von der Venus und Männer vom Mars sind.

Bierrevolution

Käse gibt es in vielen Geschmacksrichtungen, Größen und Formen. Als Weich- und Hartkäse, als Schmierkäse und schmierigen Analogkäse. Als Kuchen und Fuß, wobei das Milchprodukt bei Letzteren jeweils den Vornamen bildet. Schimmelkäse ist schon allein wegen des Namens nicht jeder Manns Sache. Gleichwohl ist die kleine Belvoirn Brauerei aus Old Dalby in der englischen Grafschaft Leicestershire dazu übergegangen, ein Bier mit Blue Stilton, dem berühmt berüchtigten Blauschimmelkäse aus England, herzustellen.

Okay, in einem Land, in dem Pommes mit Öl und Essig zum beliebtesten Naschwerk gehören, überrascht dies wenig. Und auch biermäßig ist das Vereinigte Königreich bekanntlich nicht für alle ein Schlaraffenland, da das berühmte Ale eine ähnlich bräunliche Farbe an den Tag legt wie schwarzer Tee und auch ähnlich warm serviert wird.

Auf jeden Fall aber enthält das so genannte Blue Brew Ale 4,2 Prozent Alkohol und zeichnet sich durch eine leichte Käsenote aus, wobei der Blue Stilton geschmacklich nur bedingt dominant sein soll. Manch ein passionierter Biertrinker wird nun denken, so ein Gerstensaft ist absoluter Käse.

Doch ein bierliebenden Brite setzte noch einen drauf. Auf Basis von gewöhnlichen Lebensmitteln braute er für jede Woche des Jahres ein anderes Bier. Insgesamt 52 Sorten kreierte Stuart Howe aus Rock im englischen Cornwall für den Hausgebrauch. Der Bogen seines ungewöhnlichen Gesöffs spannt sich von einem Bier aus Leber, Nieren und Schafsherzen über einen Gerstensaft aus Meeresfrüchten bis hin zu einem Bier aus Schalen von Zitrusfrüchten und einer Hühnchenfleischvariante mit indischem Gewürz.

Wem nun bereits der Durst nach einem leckeren Bierchen vergangen ist, den dürfte sicherlich interessieren, dass Stuart Howe nun an einer Biermischung aus wurmhaltigen Holz und Bioabfällen arbeitet. Auch ein Bier aus Blutplasma möchte der Hobbybrauer aus dem Südwesten Englands gerne brauen, sofern er ein Krankenhaus findet, dass ihm die Zutat zur Verfügung stellt. Vielleicht findet sich dort ja auch etwas Hirn für den Armen. Oder wenigstens ein Bündel Geschmacksknospen.

Kaufrauschernüchterung

Darf man der Werbung Glauben schenken, so lässt sich nirgendwo mehr sparen als beim Einkaufen. Und wie groß ist die Ernüchterung dann zu Hause? Zum einen beim Blick ins Portemonnaie, zum anderen beim Blick auf das vermeintliche Schnäppchen. Die leicht gefallene Kaufentscheidung gipfelt in einer schweren Enttäuschung. Dabei ist es leider wie beim Computer: Immer häufiger treten diese schweren Ausnahmefehler auf.

Eine Studie im Auftrag von Kodak mit mehr als 3.000 Teilnehmern in Großbritannien legte schonungslos offen, dass ein jeder sich in seinem Leben Fehlkäufe im Wert von 49.000 Britischen Pfund leistet, was etwa 58.600 Euro entspricht. Monatlich verpulvert jeder Volljährige im Schnitt umgerechnet rund 82 Euro für den Kauf von Dingen, die er eigentlich gar nicht haben will.

Jetzt werden viele Herren der Schöpfung unweigerlich denken, das kenne ich, die Dame meines Herzens hat einen Schuhtick. Doch, und dies mag überraschen, in der Hitliste der Fehleinkäufe nehmen Schuhe mit 14 Prozent gerade einmal Rang drei ein. Am meisten ärgern sich die Käufer über Kleidungsstücke, die schlecht sitzen, schlecht verarbeitet sind oder einfach beim zweiten Hinsehen doch grausig aussehen. 32 Prozent räumten ein, sich am meisten über Fehlkäufe von Klamotten zu ärgern.

Zum Vergleich: Nur 18 Prozent fluchen auf neue technische Geräte. Dabei haben sie bis heute die Gebrauchsanweisung nicht verstanden und der DVD-Spieler ist mehr Dekoration als Aufnahmegerät. Wobei – und auch das mag erstaunen – Männer die größeren Verschwender sind. Während Frauen jährlich gut 775 Euro mit Fehlkäufen förmlich verbrennen, addiert sich die Summe bei den Herren der Schöpfung auf 1.160 Euro.

Für dieses Kaufverhalten gibt es in der Regel gute Gründe. Die häufigsten Ursachen für Fehlkäufe sind Eile, wenn wieder einmal plötzlich Weihnachten ist oder das Geschäft schon in zwei Stunden schließt, gefolgt von Frustkäufen, wenn Mann oder Frau mal wieder niedergeschlagen ist. Schlimme Folgen für den Geldbeutel haben auch die Verlockungen von Angebotspreisen.

Weitere Kaufverführer sind Rabattgutscheine, Verkaufsaktionen, drängelnde Verkaufskräfte und das Bestreben, jemanden mit Neuerwerbungen beeindrucken zu wollen. Vor allem Letzteres erschließt sich mir überhaupt nicht. Ich habe beispielsweise auf den Kauf eines neuen Lotus verzichtet, weil der Kofferraum zu klein für meine Scheckkarten ist. Da nützt es auch nichts, zu wissen, dass die Nachbarn echt neidisch auf den Flitzer wären.

Unterhosenstudie

Diesmal geht es an dieser Stelle tüchtig unter die Gürtellinie. Genauer gesagt, wir werfen einen Blick auf das, was Mann und Frau unter der Hose oder dem Rock tragen. Gut, bei den Schotten soll frei nach dem Motto „Let him swing" relativ wenig unter dem Kilt getragen werden. Die meisten anderen schlüpfen hingegen in Unterhosen. Diese haben nicht nur unterschiedliche Farben und Formen von Reizwäsche bis hin zum Liebestöter, vom Tanga bis hin zur langen, wollenen Unterhose, sondern offensichtlich auch unterschiedliche Reinheitszustände. Denn nicht jeder nimmt es mit der Wäschehygiene sonderlich genau.

Der tägliche Unterhosenwechsel gehört zumindest in einem Land, wo mehrmals täglich die Wache vor dem Palast der Königin wechselt, nicht zum Alltag. Im Rahmen einer Studie von Kelkoo mit 5.000 Teilnehmern aus London zogen die Briten nun schonungslos blank.

Immerhin 28 Prozent räumten ein, dass ihre Unterwäsche wenigstens fünf Jahre alt sei. Und 27 Prozent der Männer sowie sieben Prozent der Frauen verrieten, dass sie seit mindestens zwei Tagen die gleichen Schlüpfer tragen. Doch es kommt noch schlimmer: Bei 16 Prozent der Männer und vier Prozent der Frauen ist die Unterhose seit wenigstens drei Tagen fest mit dem Körper verbunden. Im gleichen Atemzug machten immerhin 29 Prozent deutlich, auf Intimitäten mit einem neuen Partner verzichtet zu haben, weil dessen oder deren Unterwäsche schrecklich und abstoßend war.

Zwar stellte der deutsche Aphoristiker Elmar Kupke dereinst fest, eine Unterhose sei kein Darmfallschirm, gleichwohl scheint in Großbritannien mit Blick auf die Reinlichkeit der Unterwäsche so manches mehr in die Hose zu gehen.

Laut der Studie waschen 80 Prozent der Londoner ihre Unterwäsche bei maximal 40 Grad Celsius. Gleichzeitig unterstrichen Labortests, dass sich in 83 Prozent der ein Jahr alten Unterhosen auch nach dem Waschen eine Vielzahl an Bakterien tummeln. Quasi ein Minibiotop zwischen Beinen und Gesäß. So gesehen scheint es fraglich, ob man bei einigen Männer wirklich von toter Hose sprechen kann.

Schuhqualen

Wo drückt bei Ihnen denn der Schuh, gnädige Frau? Diese Frage ist ausnahmsweise nicht im übertragenen Sinne, sondern durchaus ernst gemeint. Gut, der eine oder andere wird nun protestieren, er sei keine Frau. Aber dann zumindest hat er eine oder er kennt eine. Denn eine Mutter haben wir doch irgendwie alle.

Fakt ist, Frauen drückt der Schuh. Und dies sogar recht häufig. Die mehr oder weniger schmucken Beinkleider, deren Erwerb zu den großen Leidenschaften vieler Damen gehört, bereiten oft große Probleme. Denn beim Kauf achten viele Frauen mehr auf den Chic als auf die Passform. Es ist ja wichtiger, dass die Treter zu Kleid und Handtasche passen, als dass sich die Frau darin halbwegs bequem von A nach B bewegen kann.

Diesen Schluss lässt zumindest eine Studie mit 4.000 Frauen in Großbritannien zu, die im Auftrag eines Einlegesohlenherstellers durchgeführt wuide. Im Schnitt kann eine Frau demnach genau 34 Minuten in ihren neuen Schuhen laufen, ehe sie schmerzbedingt kapituliert und die Dinger wieder abstreift. Nicht von ungefähr gaben daher 40 Prozent der Frauen an, bei gesellschaftlichen Ereignissen ein zweites Paar Schuhe mitzunehmen, um dann nach einer knappen halben Stunde die Fußquäler gegen angenehmer zu tragende Puschen auszutauschen.

Mehr als die Hälfte aller Damen gestand, sich bei der Wahl der Schuhe dermaßen verhauen zu haben, dass sie barfuss oder auf Seidenstrümpfen nach Hause gegangen sind. Immerhin zehn Prozent haben diese Schmach vermieden, indem sie Schuhe einer Freundin borgen konnten. Nichtsdestotrotz räumten 20 Prozent der Damen ein, nicht auf die quälenden Schuhe verzichten zu wollen. Zum einen wegen des Aussehens der Schuhe in Kombination mit ihrer restlichen Kleidung, zum anderen, weil sie es genießen, wenn der Mann ihrer Wahl sie einmal nicht nur förmlich auf Händen trägt.

Zudem wartet häufig auch noch eine Fußmassage, nachdem er sie vorsichtig auf dem Bett oder der Couch abgelegt hat. Was ein bisschen nach geplanten Schmerzen klingt. Motto: Wer verwöhnt werden will, muss leiden.

Staustehtätigkeiten

Was für den Menschen gilt, gilt auch für Autos: Alle sind gleich. Gut es gibt große und kleine Autos, neue und Schrottmühlen, starke motorisierte und lahme Enten, doch zumindest im Stau sind alle gleich. Böse Zungen gehen sogar soweit, zu behaupten, dass der Komfort in den Autos nur deshalb kontinuierlich verbessert wurde, damit wir bequemer im Stau stehen.

Fakt ist, und davon können viele Pendler ein Lied singen, man muss morgens immer früher losfahren, um halbwegs im normalen Rahmen zu spät zur Arbeit zu kommen. Denn individuelle Mobilität bedeutet, kollektiv im Stau zu stehen. Und dies im Schnitt für eine Stunde und 56 Minuten pro Woche.

Dies zumindest haben nun Verkehrsexperten in Großbritannien errechnet. Dies bedeutet, dass wir von der durchschnittlichen Nettozeit von fünf Stunden und 44 Minuten hinter dem Lenkrad ein gutes Drittel stocken und stehen und hier und da sicherlich auch die eine oder andere unflätige Bemerkung über andere Autofahrer über unsere Lippen kommen lassen. Schließlich ist kaum nachzuvollziehen, warum all diese Menschen sich just in dem Moment auf den Weg machen, wenn man gerade selber unterwegs ist.

Und was tut man sonst noch so im Stau? Auch dies konnten die Briten nun im Rahmen einer Studie mit 3.000 Teilnehmern im Auftrag der Optiker-Kette Specsavers ermitteln. Hauptbeschäftigung ist das Hören von Musik beziehungsweise von Radiosendungen. Vermutlich verbunden mit der Hoffnung, dass in den Verkehrsnachrichten zumindest angedeutet wird, wie viele hundert Autos noch vor einem im Stau stehen.

Platz 2 der beliebtesten Staustehtätigkeiten nimmt das Beobachten anderer Verkehrsteilnehmer ein. Kleine Studien, also, bei denen einmal völlig unwissenschaftlich festgestellt wird, wie viele Autofahrer gerade den Feuchtigkeitsgehalt der Naseninnenwände messen. Auf Rang 3 folgt dann das Beobachten von Passanten, sofern sie diese zufällig auf der Autobahn oder Schnellstraße verlaufen haben. Danach wird es mitteilsam.

Auf Platz 4 und 5 der Beliebtheitsskala liegen das Verfassen einer SMS und ein Anruf. Vermutlich um allen, denen es eigentlich völlig egal ist, mitzuteilen, dass man gerade im Stau steht. An sechster Stelle kommt dann der Einsatz der Kaumuskulatur, sofern sich etwas Essbares im Auto findet. Und schon wird als siebtes getwittert oder der Facebook-Account gecheckt.

Und wenn man schon mal online ist, kann man – was auf Rang 9 liegt – auch schnell eine Mail versenden. Der Stau wird sich schon nicht genau in dem Augenblick, wenn man das 75-seitige Impulsreferat zusammenfasst, auflösen. Unter die Top Ten schaffte es zudem der Zeitvertreib mit Handyspielen. Ich vermute, die meisten spielen Autorennen. Denn dann vergeht so ein Stau ganz geschwind.

Handyschlucker

Zugegeben, wir Menschen sind mitunter schon ganz schöne Dusseltiere. Was wir nicht alles vergessen oder liegenlassen. Sie wissen schon, wenn der Kopf nicht angewachsen wäre und so. Ich hatte mich schon öfter gewundert, warum der Handymarkt bei gefühlten 176 Prozent Marktabdeckung wächst und nicht drastisch schrumpft. Zumal nicht jeder einen mobiler Sprechknochen haben möchte oder ständig ein neues Modell kauft, nur weil das handliche Telefon nun auch Wäsche waschen kann oder über eine Bügelfunktion verfügt. Nehmen wir mal unsere britischen Nachbarn.

Laut Umfrage der britischen Firma Simply Switch, die sich auf Preisvergleiche spezialisiert hat, gehen im einstigen Empire im Westen Europas jährlich 4,5 Millionen Handys verloren. 810.000 Handys werden – vermutlich nach dem einen oder anderen Pint lauwarmen Bieres zu viel - im Land der Angelsachsen in einem Pub vergessen und, was im wahrsten Sinne des Wortes wirklich abgefahren ist, 315.000 im Taxi und stolze 225.000 im Linienbus.

Doch was noch wesentlich interessanter scheint, ist die Tatsache, dass rund 900.000 Mobiltelefone in der Toilette versenkt werden. Wobei die Dunkelziffer wohl weit größer sein dürfte. Denn 60.000 Briten gaben an, ihr Hund habe den sprechenden Knochen zerkaut. Was an sich schon ein dicker Hund wäre.

Vermutlich aber schieben sie das Ganze lieber einfach ihrem Bello in die Pfoten, statt zuzugeben, dass das Handy nun zum Tauchtest in der Kanalisation unterwegs ist. Dabei ist es nicht überraschend, dass die Briten die drahtlose Austauschbörse mit der Klospülung herunterzuspülen, schließen haben sie jahrzehntelang ihre Fish & Chips in Zeitungspapier eingewickelt und so dafür gesorgt, dass selbst schwere Nachrichten zu leicht verdaulicher Kost wurden.

Und die endete da, wo auch 900.000 Handys endeten. Daher wundern Sie sich nicht, wenn Sie beim nächsten Kneipenbesuch auf der Insel eine Stimme aus der Toilettenschüssel hören. Dann hat bestimmt ein Brite das Handygespräch noch nicht beendet oder die Toilette wieder einmal für eine Freisprecheinrichtung gehalten…

Wohlfühlverfettung

„Dicke schwitzen wie die Schweine, stopfen, fressen in sich 'rin", skandierte einst Marius Müller-Westernhagen in seiner musikalischen Abrechnung mit jenen, die über eine größere Leibesfülle verfügen. Ungeachtet dieser Kritik werden wir Deutschen – sofern wir den regelmäßig veröffentlichten Statistiken und den eigenen Augen beim Gang durch die Stadt Glauben schenken – immer dicker. Dies hat verschiedene Ursachen. Bei dem einen ist es eine unheilbare Drüsenkrankheit, bei anderen eine unheilbare Bewegungsunlust.

Das Ganze wird noch potenziert, wenn jemand zu allem Unglück auch noch über einen chronischen Bandwurm verfügt, der dazu führt, dass eine ständige Kalorienzufuhr wie beim Sumoringer von Nöten ist, um nicht aus dem Gleichgewicht zu geraten. Dem körperlichen wohlgemerkt. Eine Ursache für das eine oder andere Pfündchen mehr auf den Rippen und für das Anschwellen des Hüftrings kann aber auch Stress sein. Etwa, wenn man täglich wie an dieser Stelle, etwas Witziges oder wenigstens Amüsantes zu Papier bringen muss.

In einer solch verzweifelten Situation folgt häufig völlig unkontrolliert der Griff zu Schnuckereien oder Fast Food. Mit Süßem soll, verhindert werden, dass man sauer wird, weil einem nichts einfällt. Gleiches gilt bei zu viel Arbeit. Dann stopft man zu viel in sich rein, um ein Gegengewicht zur Arbeitslast zu schaffen.

Dies unterstreicht zumindest eine britische Studie, die belegt, dass jeder Dritte stressbedingt Fast Food, Snacks und Süßkram in sich hineinstopft. Zudem legt die Studie mit 3.000 Teilnehmern im Auftrag des britischen Pub-Betreibers Chef and Brewer schonungslos offen, dass fast 80 Prozent zu Schokolade oder anderen Süßwaren greifen, wenn sie niedergeschlagen sind.

Und was noch viel interessanter scheint, 18 Prozent beißen aus Frust in Schokoriegeln, wenn sie beim Gang auf die Waage wieder mal festgestellt haben, dass der Zeiger immer weiter ausschlägt, oder wenn sie bemerkt haben, dass diese fiesen Kalorien wieder einmal heimlich nachts ihre Kleider enger genäht haben. Immerhin 33 Prozent räumten ein, während der kalten Jahreszeit verstärkt zu Süßigkeiten zu greifen. Was mich nicht wundert, denn Dominosteine und Lebkuchenherzen gibt es im Sommer einfach nicht.

Schnarchnasenalarm

Wie man sich bettet, so schallt es heraus, lehrt der Volksmund. Nun suchen wir alle nach des langen Tages Last die hinteren Gemächer auf, um uns eine Mütze Schlaf zu gönnen. Doch leider ist es nicht allen vergönnt, tief zu schlafen. Und als ob dies nicht genug wäre, beschwört ein leichter Schlaf oft auch noch schwere Gedanken herauf. Vielleicht erklärt dies auch, warum das Wort Schlaf, etwas schlampig rückwärts gelesen, „falsch" heißt.

Fakt ist, dass es keinen Sinn macht, eine Sache in Ruhe überschlafen zu wollen, wenn diese einem bereits tagelang schlaflose Nächte bereitet hat. Und gerade an solchen Tagen wirkt es doppelt schlimm, wenn der Partner schon nach wenigen Sekunden in der Horizontalen tief ins Traumland abtaucht. Schlafneid ist die Folge. Es sei denn, der Partner begleitet die Reise durch Land der Träume lautmalerisch mit dem nervigen Geräusch einer Waldarbeiterkolonie.

Schnarchen und Rumwälzen – das der anderen wohl gemerkt –, kosten uns 730 Stunden Schlaf pro Jahr. Nun denken sie vermutlich, dieses ausgeschlafene Kerlchen hat mit der Stoppuhr neben der Frau, die ihm die Welt erklärt, gewacht, um uns mit diesem verblüffenden Zahlenwerk zu konfrontieren. Nein, weit gefehlt. Natürlich auch, weil die Frau die mir die Welt erklärt, im Schlafe nicht wie ein Walross schnaubt. Den Rechenschieber haben Forscher aus Großbritannien im Rahmen einer Studie mit 3.000 Teilnehmern im Auftrag von Love Tub, einem Puddinghersteller, hin und her geschoben.

Sie fanden heraus, das Ehepartner im Schnitt fast zwei Stunden wertvoller Nachtruhe pro Tag verlieren, nur weil der Partner schnarcht oder sich im Minutentakt wie ein Pfannkuchen im Bett wendet. Dies addiere sich, so die Wissenschaftler, auf die Lebenszeit hoch gerechnet locker auf 35.770 Stunden oder dreieinhalb komplette Jahre mit Schlafentzug.

Womit eigentlich klar ist, dass das eigene Schlafzimmer eine Art Guantánamo des kleinen Mannes ist, wo bar aller Genfer Konventionen fiese Foltermethoden praktiziert werden. Allerdings mit dem Unterschied, dass hier keine Wahrheiten erzwungen werden sollen. Und wer schnarcht, redet in der Regel nicht zeitgleich, so dass auch wenig Hoffnung besteht, dass der Partner irgendein Geheimnis ausplaudert.

Gleichwohl verfahren viele um den Schlaf Gebrachte nach der Methode, Augen zu und durch. Denn drei von zehn befürchten, dass ihr Liebesleben darunter leide, wenn sie oder der Partner die Nacht auf der Couch verbringen würde. Aber was soll das für ein Liebesleben sein, bei dem der Partner lauthals Bäume absägt? Vermutlich ein Schnarchiges. Und was dabei rauskommt, kann sich jeder an den entgangenen Stunden Schlaf abzählen. Ich sage nur: Lauter kleine Schnarchnasen.

Fragwürdig

Wer nicht fragt, bleibt bekanntlich dumm. Oder anders ausgedrückt: Es gibt keine dummen Fragen, sondern nur Dumme, die nicht fragen. Da wir natürlich nicht zu dieser Gruppe gehören möchten, fragen sich scheinbar viele, was sie denn mal fragen könnten, auch wenn ihnen gerade mal keine schlaue Frage unter den Nägeln brennt. Und so könnte es frei nach Shakespeare heißen: „Fragen oder nicht fragen, dass ist hier die Frage!" Was irgendwie fragwürdig scheint.

Auf einer nicht all zu fernen Insel, auf der die Menschen, ohne zu fragen, auf der falschen Straßenseite fahren und die Hochzeit des Thronfolgers des Thronfolgers im Wartestand für kollektive Verzückung sorgt, ging ein Umfrageinstitut der Frage nach, welchen Fragen wir uns im Alltag am häufigsten ausgesetzt sehen. Bei den Antworten, die rund 3.000 Studienteilnehmern im Rahmen einer Studie im Auftrag der britischen Suchmaschine UK Ask lieferten, dreht sich alles vornehmlich um das körperliche Wohlbefinden, um das Essen und ums Fernsehen.

Auf Platz 1 der Fragenhitliste steht „Was gibt es heute zum Abendessen?" noch vor „Geht es dir gut?" und „Wie geht es dir?" sowie „Was gibt es (heute) im Fernsehen?". Unter die Top 5 schaffte es auch die Frage „Was machst du gerade?" – was an sich schon Quatsch ist, da der Gegenüber ja in der Regel Augen im Kopf hat und dies genau sehen kann, es sei denn, man hängt gerade am sprechenden Knochen. Aber auch dann erübrigt sich die Frage eigentlich, da man ja eigentlich wissen müsste, dass derjenige, mit dem man gerade spricht, telefoniert.

Auf Platz 6 schaffte es mit „Wie war es bei der Arbeit?" eine wohl typische Frage an den Lebenspartner gefolgt von einem „Wann bist du zu Hause?". Wobei letzteres je nach Antwort Stress auslösen kann. Bei zur kurzer Frist muss eventuell in Minutenschnelle das Chaos in den heimischen vier Wänden beseitigt oder der/die

Nebenbuhler/in schnell weggeschickt werden. Vor diesem Hintergrund kommt auch dem „Wo bist du gerade?“ auf Platz 8 große Bedeutung zu.

Rang 9 belegte die Frage wie spät es gerade sei und erst bei Rang 10 wird es etwas entspannter, wenn es heißt: „Möchtest du eine Tasse Tee (oder Kaffee)?“ Dank ihres investigativen Vorgehens konnten die Meinungsforscher aus Großbritannien zudem herausfinden, dass ein jeder von uns im Schnitt täglich 37 Fragen stellt und im Gegenzug 40 Fragen gestellt bekommt. Die einzige Frage die bleibt, ist was uns Umfragen dieser Art bringen? Oder darf man so etwas nicht fragen?

Liebeslügen

Für den ersten Eindruck gibt es keine zweite Chance. Dies gilt insbesondere, wenn man sich erstmals zu einem Date verabredet. Beim vorsichtigen Beschnuppern beider potentiellen Partner geht es vornehmlich um das Gefallen. Und so werden schon im Vorfeld des ersten Treffens die Wahl der richtigen Kleidung und der Sitz der Haarpracht mitunter zu einer nervlichen Belastungsprobe. Mindestens genauso wichtig ist natürlich die Wahl der richtigen Worte.

Vorsichtig nähern sich die potentiellen Partner verbal an, werfen Hobbys, Vorlieben und Abneigungen in die Waagschale. Immer verbunden mit der Hoffnung, dass der jeweils andere die gleichen Geisteshaltungen teilt, idealerweise denselben Freizeitaktivitäten frönt und denselben Humor an den Tag legt. Ein bisschen Imponiergehabe ist oft auch dabei. Insbesondere bei den Herren der Schöpfung.

Denn, wie eine Studie mit 1.672 Männern im Auftrag des britischen Online-Magazins MyCelebrityFashion.co.uk zeigte, neigen Kerle auf der Suche nach einer Lebenspartnerin gerne mal zu der einen oder anderen Lüge. Immerhin 47 Prozent räumten ein, in der Job-Frage zum Münchhausen zu mutieren.

Als Lügenbarone auf Partnersuche übertrieben sie dezent, wenn es darum geht, ihre berufliche Stellung anzugeben. Der wird ein popeliger Sachbearbeiter gerne mal zum Abteilungsleiter, der unmittelbar vor der Beförderung zum Mitglied der Geschäftsführung steht. Immerhin 38 Prozent räumten ein, beim Blick auf frühere Beziehungen schon mal die eine oder andere Liebschaft ausgelassen zu haben. Vielleicht wollten sie diese aber auch einfach nur vergessen, so dass hier sicherlich nicht von Absicht gesprochen werden kann.

Wenn die Sprache auf Hobbys und Interessensgebiete kommt sind 25 Prozent der Pinocchios überaus flexibel. Vermutlich, um der Dame der Wahl ein gutes Gefühl zu vermitteln, obwohl sie deren Vorliebe für Reiskornmalerei oder Ikebana nun wirklich nicht teilen. Und 12 Prozent lügen mit Blick auf den fahrbaren Untersatz. Motto: „Ich bin heute nicht mit meinem Ferrari da. Der Kofferraum ist einfach zu klein für die Scheckkarten." Oder sollte es besser heißen „für die Lügen, die ich hier auftische"?

Aber das wäre Quatsch. Denn ganz ehrlich, welche Frau interessiert sich schon beim ersten Date für das Auto des Mannes. Es sei denn, sie ist Politesse und er steht im Parkverbot. Aber dann müssen zur Knöllchenvermeidung ganz andere Geschütze aufgefahren werden.

Waagenwucher

Ich will mich hier nicht damit brüsten, dass mir so etwas nicht passieren könnte. Wohl auch weil ich in der Regel selber Hand an die Waage lege und allenfalls hinterher noch ein paar Träubchen drauf packe. Anders stellt sich die Situation auf der Kanalinsel Jersey dar. Dort soll eine Frau in einem Supermarkt beim Kauf von Obst und Gemüse kräftig über den Tisch gezogen worden sein.

Der Lebensmittelhändler ihres Vertrauens hat nämlich mehr Gewicht in Rechnung gestellt, als die Frau in Tüten nach Hause schleppte. Dabei geht es nicht um den ewigen Streit, ob das Gewicht der Papier- oder Plastiktüte, in der das ausgewählte Obst oder Gemüse verwogen wird, mitbezahlt werden müsste.

Nein, es geht um Brüste. Genauer gesagt um die scheinbar üppige Oberweite einer Lebensmittelfachverkäuferin, die aufgrund ihrer geringen Körpergrößte immer, wenn sie Waren wog, unabsichtlich mit den Brüsten auf die Waage drückte und so den Preis nicht unerheblich in die Höhe drückte.

Wie oft und seit wann sie dieses einträgliche Zubrot auf diese Art und Weise für ihren Arbeitgeber verdiente, ist nicht bekannt. Fest steht, die Kundin, der dieser Missstand auffiel, musste genau fünf Jersey-Pfund, also etwa 5,80 Euro, mehr berappen.

Böse Zungen behaupten, den männlichen Kunden hätte dieser Aufpreis nichts ausgemacht. Sie hätten dafür beim Wiegen die ausgesuchten Waren etwas aus dem Auge verloren. Schließlich gab es da Schöneres zu sehen, als schrumpelige Äpfel.

Ich für meinen Teil, werde nun auch an der Fleisch- und Wurst- sowie Käsetheke etwas genauer hinschauen, ob die Verkaufskraft sich nicht eventuell beim Wiegen dezent aufstützt oder zufällig mal die Hand neben Schnitzel, Aufschnitt und Gauda parkt. Vor allem dann, wenn es heißt: „Darf es ein bisschen mehr sein?"

Die perfekte Partnerin

Da stehen die Frauen stundenlang vor dem Kleiderschrank und Spiegel, um sich eigens für die Herren der Schöpfung herauszuputzen. Dabei glauben sie zu wissen, was bei Männern für Entzückung sorgt. Genau dieser Frage ging die Partneragentur UK Dating aus Großbritannien im Rahmen einer landesweiten Studie mit 3.000 ledigen Männern nach. Und die Ergebnisse sind eindeutig: Der Mann von heute möchte eine Partnerin mit sportlicher Figur, kleinen, spitzen Brüsten und einem handlichen, aber wohlgeformten Gesäß.

Zudem sollte sie üppig langes Haar haben. 89 Prozent wünschten sich eine schlanke Frau ohne jegliche Figurprobleme, die aber gleichzeitig in der Lage ist, problemlos mal ein halbes Schwein auf Toast zu verdrücken. Zudem sollte sie trinkfest, witzig und amüsant sein und kein Problem damit haben, ungeschminkt das Haus zu verlassen.

Ein Gedanke, den sich die Männer allerdings größtenteils abschminken können. Denn kaum eine der holden Schönheiten verlässt heute noch die eigenen vier Wände ohne Puderquaste und Handy. Vor diesem Hintergrund wünschte sich die Heerschar der Unverheirateten eine Frau, die in der Lage ist, in maximal zehn Minuten ausgehfertig zu sein und sich in nahezu allen Klamotten wohl zu fühlen.

Unabhängig davon sollte sie für den Wunsch des Mannes, regelmäßig mit seinen Freunden um die Häuser zu ziehen, nicht nur Verständnis haben, sondern dies auch noch aktiv unterstützen. Zum Beispiel in Form eines Abholservices, falls zufällig mal ein Bierchen schlecht war.

Wichtig ist den meisten der Befragten darüber hinaus, dass die Frau kleiner ist als sie, eine Festanstellung hat, mehr verdient als der Mann und auch von seinen Freunden gemocht wird. Was natürlich umgekehrt impliziert, dass sie auch die Freunde des Mannes mag. 60 Prozent sähen es gerne, wenn die Dame an ihrer Seite gerne mal Fußball zuhause oder in der Kneipe guckt.

Ach ja, häuslich sollte sie auch sein. Sie sollte Mann und Kind höchste Priorität einräumen und gerne kochen. Wer jetzt glaubt, solche Frauen könne man sich allenfalls backen, scheint zu irren. Denn im Rahmen der Studie räumten 60 Prozent der Männer ein, dass sie davon überzeugt sind, dass genau so eine ideale Partnerin irgendwo dort draußen auf sie warten würde. Ohne nun mit der Frau, die mir die Welt erklärt und selbstverständlich all dies Kriterien erfüllt, einen Streit provozieren zu wollen, kann ich diesen Kerlen dazu nur sagen: „Träumt weiter!"

Absatzschwierigkeiten

Absatzschwierigkeiten müssen nicht unbedingt etwas mit schlechter wirtschaftlicher Lage zu tun haben. Sie können auch die Folge eines Fehlkaufes und eines falschen Modebewusstseins sein. Eine Erkenntnis, von der wohl Tausende von Frauen ein Liedchen trillern könnten. Denn nicht wenige holde Schönheiten fragen sich schmerzgekrümmt, was einem die Weite des Weltalls nutzt, wenn die Schuhe doch zu eng sind?

Das Ganze wird noch potenziert, wenn die Schuhe nicht nur zu eng sind, sondern auch noch auf hohen Absätzen daher kommen. Dies zumindest unterstreicht eine repräsentative Umfrage aus Großbritannien, die im Auftrage eines Schuhherstellers unter mehr als 3.000 Frauen im Alter von 18 bis 65 Jahren durchgeführt wurde.

Demnach ist ein Drittel aller Frauen bereits zum Opfer der eigenen Schuhe geworden. Soll heißen, die Damen wollten mit hohen Hacken elegant über das Pflaster stolzieren. Doch statt die Blicke entzückter Herrschaften auf sich zu ziehen, kam es zu folgenschweren Stürzen.

Mehr als drei Millionen britischer Frauen mussten sich einer Studie zufolge schuhbedingt in medizinische Behandlung geben. Verstauchte Handgelenke, Bänderrisse, verdrehte Knie und gebrochene Fußgelenke sind keine Seltenheit. Rund ein Drittel der Befragten räumte ein, durch den wackeligen Gang auf High Heels und Mörder-Hacken ins Stolpern geraten und auf Gesicht oder Kopf gefallen zu sein. Was im günstigsten Falle zu Kopfschmerzen, blutigen Lippen und Schürfwunden, in schlimmeren Fällen zu gebrochenen Nasen, Unterkiefern sowie beschädigten Zähnen geführt hätte.

89 Prozent der Befragten gaben an, dass ihnen unkomfortable Schuhe einen netten Abend komplett verdorben haben – auch wenn der Partner sie dann im wahrsten Sinne des Wortes mal auf Händen tragen musste. Umso erstaunlicher wirkt da die Feststellung, dass 79 Prozent aller Frauen bewusst Schuhe gekauft haben, obwohl diese nicht richtig saßen.

Und knapp 50 Prozent kauften sogar Schuhe, die deutlich zu klein waren, nur weil diese vermeintlich besser zu ihrem Outfit passten. Kurzum, es ist schon erstaunlich, welche große Leidensfähigkeit die Frau von heute an den Tag legt, nur um zu gefallen oder um ein vermeintliches Schnäppchen zu erwerben.

Waschmaschinen-SMS

Wer es vorzieht, im Schongang zu arbeiten, sollte sich für eine Karriere als Waschmaschine entscheiden. Andererseits geht es als Waschmaschine oft ganz schön rund und angesichts der Wäscheberge kann es einem schon mal zu bunt werden. Auch sonst ist Waschmaschine wohl eher ein trostloser Job. Meistens muss diesem in einem dunklen Kellerloch nachgegangen werden. Und irgendwie ist es ein ständiges Geben und Nehmen. Also, Wäsche hereingeben und wieder rausnehmen.

Insbesondere für Studenten, die sich ja gewissenhaft darauf konzentrieren, wie sie abseits von Partys und langen Filmnächten das Füllhorn des Wissens am erfolgreichsten über sich ausgießen, stellt das Waschen der Wäsche und der Umgang mit einer Waschmaschine eine unnötige Belastung dar. Insbesondere in Großbritannien gibt es in vielen Studentenwohnheimen keine Waschmaschinen.

Also müssen die dreckigen Klamotten geschultert und in einen Waschsalon geschleppt werden. Sehr zum Ärger der Studenten sind gerade dann alle Maschinen besetzt, so dass sie entweder eine halbe Ewigkeit warten oder später wieder kommen müssen.

Die in Ripponden in der englischen Grafschaft Yorkshire ansässige Firma Circuit hat das Elend erkannt und besonders intelligente High-Tech-Waschmaschinen entwickelt. Diese sind in der Lage, die Studenten mit einer kurzen E-Mail darüber zu informieren, ob sie gerade frei sind oder nicht. Außerdem senden sie eine kurze elektronische Nachricht an die Hochschüler, sobald die Wäsche fertig ist. Wer möchte kann auch online den Stand des Waschvorgangs verfolgen.

Ein System, das auch für manchen Privathaushalt interessant wäre, könnte man sich doch das lästige Gerenne in den Keller sparen. Nach einer erfolgreichen Testphase an der Universität von Leeds sind die digital gesteuerten Teufelsmaschinen mittlerweile auf dem Campus von 28 britischen Universitäten zu finden, wo die Studenten tausendfach von dem Angebot Gebrauch machen. Und dies obwohl das System noch längst nicht perfekt ist. Schließlich bleibt die ungeklärte Frage, wie die saubere Wäsche schnellstmöglich zum Bügel zu Mutti kommt.

Verblödungsschutz

Bitte seien Sie mir nicht böse, wenn ich künftig deutlich langsamer auf Anfragen reagiere, die per Mail gestellt werden. Dies liegt nicht daran, dass der Provider nicht in der Lage ist, seinen Service in ausreichendem Maße aufrecht zu erhalten. Es hat auch nichts damit zu tun, dass mein elektronisches Postfach überquillt und ich schlicht kaum noch nachkomme, auf Mails zu antworten. Es hat auch nichts damit zu tun, dass ich irgendwie sauer auf Sie wäre oder den Kontakt zu ihnen meiden möchte.

Nein, das Ganze ist reiner Selbstschutz. Denn ich möchte einfach nicht völlig verblöden. Daher habe ich mir jetzt vorgenommen, nur noch während bestimmter, genau festgelegter Zeitfenster meine elektronische Post zu bearbeiten. Hintergrund sind die erschreckenden Resultate einer britischen Studie.

Denn die University of London hat schonungslos offen gelegt, dass intensives E-Mail- und SMS-Schreiben den eigenen Intelligenzquotienten um bis zu zehn IQ-Punkte senken kann. Hundert SMS verschickt und 90 Mails gesendet und zack ist der Intellekt auf dem Niveau von Knäckebrot. Dabei ist der Effekt sogar deutlich größer als nach dem Konsum von Haschisch. Bei denjenigen, die sich einen Joint rein pfeifen, sinkt, so die Wissenschaftler von der britischen Insel, der IQ nur um vier Punkte.

Grund für dieses Phänomen sei, so ließen die Londoner Forscher die erstaunte Weltöffentlichkeit in einer auch per Mail versendeten Pressemitteilung wissen, dass es für das menschliche Gehirn schwierig sei, mehrere Aufgaben gleichzeitig zu bewältigen. Wer also seine eigentliche Arbeit immer wieder unterbricht, um Mails zu lesen oder SMS-Eingänge zu checken, versetze sein Hirn in permanente Alarmbereitschaft. Darunter leide die Konzentrationsfähigkeit, was wiederum besagte Auswirkungen auf den IQ hat.

Wir Schreiberlinge sind da natürlich in einer Art Zwickmühle. Denn Journalismus lebt vom schnellen Informationsfluss. Keine Mails zu kontrollieren, wäre als noch blöder als wir dadurch werden könnten. Ich für meinen Teil versuche dennoch die Forschungsergebnisse der Londoner Wissenschaftler stärker zu berücksichtigen und werde daher nun konsequent stundenlang auf das Lesen und Bearbeiten von Mails und SMS-Nachrichten verzichten.

Allerdings zunächst einmal in einem festgelegten Zeitfenster. Bei mir liegt dieses zwischen 23 Uhr abends und sechs Uhr in der Früh. Was ich – drohender IQ-Verlust hin oder her – gar nicht so blöd finde.

Zwangstrinker

Nun ist es quasi amtlich. Wir Männer trinken in Gesellschaft unser Bier eigentlich gar nicht, weil es uns schmeckt, sondern eher aus einem gewissen Gruppenzwang heraus. Viel lieber würden wir in Wirklichkeit ein leckeres Wasser schlabbern oder unsere Lippen mit einem Saft oder Softdrink benetzen. Schon allein, um den Diskussionen mit der Dame unseres Herzens aus dem Weg zu gehen, wer denn nach dem Kneipen- oder Partybesuch den Wagen nach Hause kutschieren soll.

Zudem sind Wasser und Softdrinks das beste Mittel gegen eine Lederallergie, die ja bekanntlich immer nach einer berauschenden Nacht auftritt, wenn man beim Aufwachen feststellt, dass man noch seine Stiefel anhat. Im Rahmen einer Studie mit 2.000 Teilnehmer in Großbritannien, die im Auftrage des Bier- und Waffelvertriebs Iron Press erfolgte, wurde nicht nur tief in die Gläser der Nation geschaut, sondern auch in die Seelen der Bier trinkenden Herrschaften.

Ziemlich genau 50 Prozent räumten frank und frei ein, dass sie beim Besuch eines Pubs oftmals lieber einen Softdrink zu sich nehmen würden, aber nicht wagen, diesen zu bestellen, um in den Augen der Kumpel nicht als Weicheier dazustehen, da alkoholfreie Drinks einfach nicht „männlich" genug seien. 17 Prozent der Befragten hatten sogar eine ausgeprägte Angst davor, dass sich die Freunde bei der Abstinenz am Tresen über sie lustig machen könnten.

Was natürlich auch passieren könnte, wenn man voll wie eine Strandhaubitze vom Barhocker plumpst. Aber dies ist ein ganz anderes Thema. Das Gros der Zwangstrinker gab übrigens an, dass sie der Überzeugung seien, dass es vor diesem Hintergrund für Männer viel, viel schwerer sei, einen Softdrink zu bestellen als für Frauen. Wobei wir wieder bei der Frage wären, wann ein Mann ein Mann ist. Ob dies allerdings mit der eingeflössten Abfüllmenge in der Kneipe zusammenhängt, ließ die Studie offen.

Straßenfraß

Es wird gegessen, was auf den Tisch kommt. Millionen von Kindern können ein Lied davon singen, wie sie mit diesen Worten dazu gezwungen wurden, Dinge zu essen, die sie gar nicht mögen. Beim Engländer Arthur Boyt liegen die Dinge anders. Bei dem ehemaligen Verwaltungsangestellten aus Davidstow in Cornwall wird das gegessen, was auf der Straße liegt. Der rüstige Rentner kratzt seit seinem 13. Lebensjahr die Reste totgefahrener Tiere vom Asphalt und bereitet das Fleisch anschließend am heimischen Herd zu. Das spart Geld, macht aber die Essensplanung etwas schwierig. Denn Boyt weiß ja nie so genau, was er findet und wann er es findet.

Spannender ist noch die Frage, wie lange der Kadaver vielleicht schon auf der Straße lag und wie viele Autos wohl darüber gerollt sind. Boyt jedenfalls ist von seinem ureigenen Ernährungskonzept überzeugt: „Ich bekomme kostenlos jede Menge Fleisch, von dem ich genau weiß, dass es nicht mit Hormonen vollgestopft oder lebensmitteltechnisch behandelt wurde."

Und so kommt bei Boyt alles auf den Tisch, dass nicht schnell genug auf den Bäumen ist, oder besser gesagt, was nicht schnell genug die Straße überqueren konnte. Der Bogen reicht von Eichhörnchen, Fledermaus und Otter über Kaninchen und Wild bis hin zu Wiesel, Ratte, Katze und Maus. Sogar ein Stachelschwein und einen Labrador will Boyt verschlungen haben.

Sein Lieblingsgericht aber seien, so der Allesverwerter, neben einem Dachs-Sandwich Spaghetti mit Igel-Carbonara-Sauce. Während sich nun einigen allein bei dem Gedanken an Boyts Fleischgelüste der Magen umdreht, will der Engländer sein über Jahrzehnte erworbenes Fachwissen in der Zubereitung platt gefahrener Tiere nun mit Essensliebhaber in aller Welt teilen. Denn in einem Kochbuch will er seine besten Rezepte veröffentlichen. Motto: „Man nehme einen zerquetschten Hasen, lasse diesen mit Zwiebeln bei niedriger Temperatur langsam köcheln".

Boyt ist sicher, dass mit seinem Buch noch mehr Menschen auf den Geschmack kommen. Denn, so argumentiert der Brite, der nach eigenem Bekunden noch nie in seinem Leben krank war, viele Menschen würden auch Früchte essen, wenn sie vom Baum gefallen seien. Warum sollte man dann einen Klumpen Fleisch verschmähen, nur weil ein paar Reifen darüber gerollt sind? Was irgendwie logisch scheint. Das einzige, das zu denken gibt, ist die Tatsache, dass sein Frau Sue überzeugte Vegetarierin ist.

Frühstücksplatzwahl

Nicht nur Romantiker wissen, dass ein gutes Frühstück das Ende einer wunderbaren Nacht sein kann. Tatsächlich aber ist es viel häufiger der Beginn eines langen, mühevollen Arbeitstages. Was vielleicht auch erklärt, warum sich immer weniger Menschen die Zeit und Muße nehmen, um genüsslich am Esstisch zu frühstücken. Gemäß einer Studie aus Großbritannien im Auftrag der Bäckereikette Greggs nimmt dort nur noch jeder Fünfte Platz, um die erste Mahlzeit des Tages in Ruhe einzunehmen.

Alle anderen haben ihren Morgen anders organisiert. Was auch damit zusammenhängt, dass ein jeder möglichst lange schlafen möchte und daher die Zeit zwischen dem Aufstehen und dem Gang zur Arbeit äußerst knapp kalkuliert ist. Im Schnitt erhebt sich die arbeitende Bevölkerung 43 Minuten vor dem Verlassen des Hauses. Wobei Männer deutlich weniger Zeit einplanen als die Frauen, die ja oftmals eine halbe Ewigkeit vor dem Spiegel und Kleiderschrank verbringen, um ihre Schönheit noch mehr zu betonen.

Rund 50 Prozent aller Arbeitnehmer verzichten regelmäßig aus Zeitgründen zu Hause komplett auf ein Frühstück. Ein Drittel der arbeitenden Bevölkerung frühstückt generell nicht in den eigenen vier Wänden. Die Mahlzeit wird dann während der Fahrt zur Arbeit oder im Büro nachgeholt.

Interessant ist in diesem Zusammenhang, dass zwei Drittel davon überzeugt sind, dass sie nach einem guten, ausgiebigen Frühstück deutlich leistungsfähiger wären. Aber dann würden sich der Chef und die Kollegen vermutlich wundern, wenn plötzlich ein deutlich größeres Pensum geschafft würde.

Der beliebteste Frühstücksplatz ist übrigens vor dem Fernseher gefolgt vom Arbeitsplatz und dem Sofa. Überaus verbreitet ist auch das Frühstücken während des morgendlichen Ankleidens. Was mit dem Kaffee in der zittrigen Hand schon mal dazu führen kann, dass man sich gleich noch mal neu anziehen muss.

Unter die Top 10 der beliebtesten Frühstücksarten schaffte es zudem der Kaffee- und Brotgenuss beim Checken der Mails, im Auto, im Bett, beim Gang zur Bushaltestelle sowie in der Dusche. Wobei Letzteres eher etwas für Frühstückskünstler ist. Die Kaffeetasse lässt sich ja noch halbwegs einfach mit einem Deckel vor dem Wassereinbruch von oben schützen, aber wie das Brot oder Müsli unter dem prasselnden Wasserstrahl mit shampoonierten Händen und Haaren genossen werden kann, bleibt ein Rätsel. Es sei denn, man duscht mit Regenschirm.

Bettgeschichten

Das Bett. Für die einen ist es nur eine Schlafstätte, für andere das unumstritten beliebtes Naherholungsgebiet. Für wiederum andere eine Wiederaufbereitungsanlage für verbrauchte Energie. Fakt ist, statistisch gesehen, verbringen wir Menschenkinder rund ein Drittel unseres Erdendaseins im Bett – und dies zumeist nicht nur allein.

In jungen Jahren sind es Stofftiere, die mit einem unter die Bettdecke kriechen. Später teilen wir mit dem Ehe- und Lebenspartner Tisch und Bett, was absolut nichts mit Gütertrennung zu tun hat. Doch es gibt auch Ausnahmen. Gemäß einer Studie aus Großbritannien im Auftrag von Gutscheinanbieter My Voucher Codes mit rund 1.200 Teilnehmern schläft jeder Zehnte permanent vom Partner getrennt.

Häufigster Grund für separate Schlafzimmer ist demnach mit 24 Prozent das Schnarchen der besseren Hälfte, dicht gefolgt von 23 Prozent, die davon überzeugt sind, besser alleine schlafen zu können. 19 Prozent sind hingegen der Ansicht, dass getrennte Betten besser für ihr Sexualleben seien. Hier von einer Fernbeziehung zu sprechen, wäre sicherlich falsch.

Für sechs Prozent der getrennt verbrachten Nächte sind derweil regelmäßige Zwistigkeiten mit dem Partner verantwortlich. Doch dies scheint die Ausnahme.

Denn 77 Prozent gaben zu Protokoll, es merkwürdig zu finden, nicht mit dem Lebenspartner dauerhaft das Nachtlager zu teilen.

Unabhängig davon räumten 57 Prozent ein, schon mal die eine oder andere Nacht auf dem Sofa verbracht zu haben, nachdem es mit dem Partner mächtig Zoff gab. Darüber mit Freunden zu reden, ist aber für 74 Prozent absolut tabu. Was scheinbar nicht für die Macher dieser Studien gilt. Denn woher hätten sie sonst diese bizarren Bettgeschichten?

Farbenspiele

Immer wieder werden im Rahmen von groß angelegten Studien mehr oder weniger interessante Phänomene unseres Alltags und Erdendaseins in Augenschein genommen. Oft genug ziehen die herausgearbeiteten Resultate jedoch weitere Fragen nach sich, deren Antworten die Studie schuldig bleibt. Was auch daran liegen könnte, wer die jeweilige Studie gerade in Auftrag gegeben hat. Denn davon hängt wohl auch ab, in welche Richtung geforscht wird.

Als Beispiel sei hier eine Studie aus Großbritannien mit 2.000 Teilnehmern im Auftrage eines Farbenherstellers Farrow & Ball genannt. Deren überraschendes Resultat lautet nämlich, dass Menschen, die in Häusern mit roten Haustüren leben, am glücklichsten sind. Klingt gut, auch wenn solche Türen für manche eher ein rotes Tuch denn ein Indikator für Glück sind.

Tatsächlich sollen die Menschen hinter roten Türen sogar nicht nur glücklicher, sondern auch weitaus entspannter als ihre Mitmenschen sein. Hinter weißen, grünen und braunen Türen leben gemäß besagter Studie überaus zufriedene Menschen, während hinter schwarzen Türen beruflich besonders erfolgreiche Menschen zuhause sind. Hinter lilafarbenen Türen tummeln sich besonders gesellige Zeitgenossen, die noch dazu über einen großen Freundeskreis verfügen.

Viele Freunde haben demnach auch Menschen deren eigenen vier Wände mit dem Gang durch eine rosafarbene Tür betreten werden können. Orange- und terrakottafarbene Türen sind hingegen ein Zeichen dafür, dass die Bewohner das Arbeiten nicht gerade erfunden haben und sich bei der Arbeit nicht gerade als Leistungsträger hervortun. Dafür leben diese Menschen in den vermeintlich glücklichsten Beziehungen.

Und wenn man schon mal dabei ist, Farbe zu bekennen, sollte nicht verschwiegen werden, dass hinter grünen Türen nicht nur überaus zufriedene, sondern auch die vertrauenswürdigsten Menschen überhaupt leben. Wie hingegen Glastüren einzuschätzen sind, ließ die Studie offen. Vermutlich, weil hier mit Blick auf den Auftraggeber nicht genügend Farbe im Spiel ist.

Auch Falltüren spielten bei der Studie keine Rolle – ebenso wie solche in freundlichem Mausgrau. Um also von künftigen Besuchern nicht gleich in einer Charakter-Schublade gesteckt zu werden, scheint mehr Mut zur Farbe ratsam. Denn wer hinter einer rot-schwartz-grün-lila-brauen Tür mit einem orangefarbenen Streifen lebt, treibt es nicht nur türtechnisch ganz schön bunt, sondern vereint offenbar die besten Eigenschaften auf sich und seine Mitbewohner.

Verschwindibus

Wer suchet, der findet bekanntlich. Und wir alle scheinen irgendwie permanent auf der Suche. Die einen suchen nach dem Glück, die anderen nach der wahren Liebe, wiederum andere suchen nach einer Eingebung. Und manch einer sollte auch nach Hirn suchen, was aber ein ganz anderes Thema ist. Fakt ist, fast alle suchen regelmäßig nach kleinen Dingen des Alltags, die wie von Geisterhand urplötzlich verschwunden sind.

Fast 200.000 Teile verlegt, verliert oder verbaselt ein Erwachsener im Schnitt über einen Zeitraum von sechs Jahrzehnten. Eine frustrierende Bilanz, die im Anschluss an eine groß angelegte Studie in Großbritannien mit 3.000 Teilnehmern im Auftrag des Versicherers Esure gezogen werden konnte. Am häufigsten verschwinden Mobiltelefone, die Haus- und Wohnungsschlüssel sowie die Autoschlüssel aus unserem Blickfeld und unserer Gedankenwelt. Mit der Folge, dass eine verzweifelte Suche beginnt, während die Uhr tickt, weil man mal wieder zu spät zur Arbeit kommt oder den Bus zu verpassen droht.

Gerne werden auch wichtige Schriftstücke, Brillen, Portemonnaies, Brieftaschen, Lippenstift, Haarbrüsten, Handschuhe und Regenschirme zumindest zeitweise verloren oder verlegt. Summa summarum spielen für jeden einzelnen von uns 3.285 Dinge im Jahr Verschwindibus, was gut neun Teilen pro Tag entspricht.

Wobei Männer eine noch schlechtere Bilanz aufzuweisen haben als Frauen. Hochgerechnet auf 60 Jahre sind es 198.743 Dinge, die mit uns Verstecken spielen. Das Gros davon findet sich nach einer Weile mehr oder weniger zufällig wieder ein. Wobei rund zehn Minuten am Tag draufgehen, um Schlüssel, Telefone und Sonnenbrillen wieder aufzutreiben.

Was sich in sechs Jahrzehnten zu einer Nettosuchzeit von 3.680 Stunden aufaddiert, was genau 153 Tagen am Stück auf der dauerhaften Suche entspricht. Na ja, so viel Zeit muss scheinbar sein. Zumindest bis es endlich auch eine Suchmaschine für Handy, Schlüssel & Co gibt.

Modediktat

Ab dem zweiten, dritten Lebensjahr lernen wir, uns selbständig anzuziehen. Viele kleine Erdenbürger entwickeln auch schon in jungen Lebensjahren große Willenskraft, wenn es darum geht, die Kleidung für den bevorstehenden Tag auszuwählen. Da kann Mutti sich noch so sträuben, irgendwann streifen die Kleinen nur noch das über, was ihnen gefällt. Muttis Modediktat finden dann ein jähes Ende. Trösten kann sich die Frau mit der Tatsache, dass die Fähigkeit, selber passende Kleidung auszuwählen bei Männern offensichtlich mit dem Erreichen der Volljährigkeit rapide abnimmt.

Diesen Schluss lässt zumindest das Ergebnis einer Studie aus Großbritannien mit 1.000 berufstätigen, männlichen Teilnehmern im Alter von 18 bis 60 Jahren im Auftrag des Modeportals StylePilot.com zu. Demnach verlassen sich bei der Wahl der Kleidung zwei Drittel aller Männer auf den Geschmack der Frau an ihrer Seite. Dabei legt die Gattin, Lebenspartnerin oder Freundin nicht nur die Sachen raus, sondern oft auch Hand an.

Denn was Dreijährige können, scheint vielen Volljährigen abhanden gekommen zu sein. Sie benötigen nämlich Hilfe beim Anziehen. Da muss die Dame an ihrer Seite die Krawatte binden, das Einstecktuch platzieren oder den Kragen richten, weil der Mann von heute diesbezüglich seine Ausbildung zu früh abgebrochen hat oder schlicht keinen Bock darauf hat.

Gemäß der genannten Studie lässt sich jeder Sechste an wenigstens vier Tagen pro Woche von der holden Schönheit, die ihm die Welt erklärt, die Anziehsachen für den Tag zusammenstellen. Und ein Viertel aller Herren der Schöpfung überlassen der Damenwelt komplett die Wahl des Outfits für eine bevorstehende Party oder Feier. Wobei die Kleiderwahl häufig schon vorher stark eingeschränkt ist. Denn jeder Dritte bekommt seine Klamotten von seiner Frau, Freundin oder Mutter gekauft, jeder Sechste sogar von der Schwiegermutter. Da sage noch einer, selbst sei der Mann...

Frauliches Haar-Desaster

Das ist wieder mal eine ganz haarige Sache. Die Frauen jedenfalls hadern massiv mit dem eigenen Haupthaar, das nur allzu selten so liegt, wie die Frauen es gerne hätten. Gemäß einer Studie im Auftrage des gefeierten britischen Haarstilisten Mark Hill mit 2.000 teilnehmenden Frauen erwischen Letztere einen so genannten „bad hair day" im Schnitt an insgesamt 156 Tagen im Jahr. Was kurioserweise durchaus am Schnitt liegen kann.

Mit anderen Worten, an fast jedem zweiten Tag macht das weibliche Haupthaar was es will, trotzt den Versprechungen der eingesetzten und nicht gerade billigen Haarpflegemittel und Stylingprodukte. Was irgendwie zum Haare raufen ist. Was wiederum auch keine Lösung wäre, da die Haare dann vermutlich noch schlimmer aussähen.

So oder so leiden die holden Schönheiten mit Blick auf ihr gesamtes Erwachsenenalter an nicht weniger als 9.828 Tagen unter dem, was sich Frisur nennt. So viele Versteckttüten kann die moderne Dame gar nicht anlegen. Die schlecht sitzende Haarpracht verhagelt den Frauen an solchen Tagen für wenigstens eine Stunde und 15 Minuten die Laune, sogar so sehr, dass sie in ihrem verzweifelten Bemühen, das Ganze ein wenig zu richten, wenigstens zweimal im Monat für elf Minuten zu spät zur Arbeit kommen.

Zwölf Prozent aller Frauen gehen sogar soweit, wegen der schlecht sitzenden Haarpracht Verabredungen abzusagen. Für neun Prozent ist der Wuschelkopf oder das flach runter hängende, matte Gebirsel auch ein Grund, kurzfristig eine Party abzusagen. In ihrer Verzweifelung gehen 13 Prozent der Frisurgeschädigten soweit, nur mit einem Hut auf dem Kopf das Haus zu verlassen, während acht Prozent versuchen, das Haar-Desaster zu kaschieren, in dem sie sich mit Absicht zu viel Schminke ins Gesicht klatschen.

Fünf Prozent der Frauen war sogar ob des Anblicks der eigenen Frisur schon einmal so frustriert, dass sich krankgemeldet haben. Während diese Nachricht den Frauen die Haare zu Berge stehen lassen dürfte, lassen sich die Herren – und dies muss fairnisshalber erwähnt werden – darüber wohl keine grauen Haare wachsen. Wohl auch weil diese oft bereits verschwunden sind, bevor sie überhaupt grau werden könnten.

Für betroffene Frauen bleibt eigentlich nur eine Option: Der Sinéad-O'Connor-Look. Also der pflegeleichte Kurzhaardackelschnitt, der noch dazu viel lästige Zeit beim Waschen, Fönen und Legen erspart und um 9 Uhr in Paris genauso gut sitzt wie um 14 Uhr in New York und um 19 Uhr in Shanghai.

Bereifter Sexappeal

Das Auto ist bekanntlich des Deutschen liebstes Kind und weit mehr als nur ein fahrbarer Untersatz. Gerne wird es zum Statussymbol hochstilisiert. Dabei spiegelt der Listenpreis eines Fahrzeuges die vermeintliche Dicke des Portemonnaies wieder. Je protziger die Karre, desto mehr Zaster hat der Fahrer vermutlich auf der hohen Kante. Obschon in Zeiten von megagünstigen Leasingraten und Krediten diesbezüglich auch manche Mogelpackung hinter dem Lenkrad klemmen dürfte.

Dabei symbolisieren die Autos nicht nur die gesellschaftliche Stellung, sondern dienen hier und da gerne auch mal als Phallus-Symbol. Letzteres wird vor allem gerne vom Heer der neidischen Kleinwagenfahrer und von Frauen, denen das Machogehabe mancher Fahrer mächtig auf den Senkel geht, kolportiert.

Doch jetzt erhielt die Gleichung Sportwagenfahrer gleich riesiger Sex-Appeal wissenschaftliche Rückendeckung. An der Universität von Wales in Cardiff gingen nämlich Forscher der Frage nach, wie hoch Passanten die Attraktivität des jeweils anderen Geschlechts hinter dem Lenkrad eines Autos einstufen würden.

Um dieser komplizierten Fragestellung wissenschaftlich nachzugehen, wurden den Probanden Bilder von Fahrern in einem Kleinwagen und in einem Luxusschlitten vorgelegt. Die Fahrer eines Ford Fiestas wurden von der Damenwelt als deutlich weniger attraktiv eingestuft, als Herren hinter dem Steuer eines 160.000 Euro teuren Bentleys. Wobei sich vermutlich die meisten Frauen eher für die abgefahrene Karre begeistern, denn für die Kerle.

Letzterer wiederum war es im Mittel völlig egal, in welcher Art von Auto die Frauen unterwegs waren, solange sie einigermaßen hübsch waren. Denn – und das hätten wir auch ohne die Erkenntnisse aus Wales gewusst – Männer interessieren sich mehr für die Ausstattung und das Fahrgestell. Und dabei unterscheiden sie nicht zwischen Frau und Auto.

Tage der Lust

Der kongeniale Schriftsteller George Mikes konstatierte dereinst, andere Nationen hätten Sex, die Briten Wärmflaschen. Der gebürtige Ungar mit dem feinen Humor, der den Großteil seines Lebens im Vereinigten Königreich verbrachte, dürfte sich bei dieser Aussage wohl auf die Erfahrungen in seiner Wahlheimat gestützt haben. Vielleicht hat er seinen ganz persönlichen Eindruck auch nur schlicht am falschen Wochentag gewonnen. Denn dank einer Studie aus Großbritannien wissen wir nun, dass der gemeine Brite dienstags die geringste Lust auf Liebesspiele besitzt. Lediglich zwei Prozent sind demnach am Dienstag in Sachen Arterhaltungstrieb aktiv.

Ob die Untertanen von Elizabeth II. stattdessen zur Wärmeflasche greifen, ließ die Studie offen. Vermutlich hängt dies aber auch mit der Jahreszeit und der Witterung zusammen. An lauen Sommertagen wird wohl kaum jemand das Bedürfnis verspüren, kochend heißes Wasser in einen Gummibehälter zu gießen, um sich aufzuwärmen. Andererseits gilt das mit reichlich Regen gesegnete Land im Nordwesten Europas nicht gerade als Sonnenparadies, was wiederum für den vermehrten Griff zur Wärmflasche spräche – und dies vermutlich nicht nur dienstags.

Tief blicken lässt auch die am häufigsten angeführte Begründung für die diensttägliche Sexunlust: Denn 22 Prozent gaben an, dass sie selber oder ihr Partner dienstags in der Regel zu nüchtern für Sex sei. Was den Schluss zulässt, dass viele Briten ihre Partner nur im Suff ertragen können.

Zudem erklärt dies auch, warum uns in vielen Feriengebieten so viele besoffene Briten über den Weg laufen. Das sind keine Alkoholiker, nein, die heben nur das Glas, um sich auf die ehelichen Pflichten einzustimmen. 17 Prozent begründeten übrigens den diensttäglichen Sexverzicht mit dem guten Fernsehprogramm an diesem Tag. Was wiederum bei vielen Deutschen Neid hervorrufen dürfte. Denn unser Programm ist meistens weder dienstags noch an einem anderen Wochentag supergut. Vielleicht ist dies aber auch eine ganz persönliche Einschätzung.

Oder wie sonst ließe sich erklären, dass bei uns die Geburtenraten chronisch sinken? Beliebtester Tag für den sexuellen Akt sei, so 30 Prozent der Studienteilnehmer, der Samstag. Dabei räumten sie ein, dass Alkoholgenuss hier durchaus eine Lust steigernde Wirkung habe. Und weil vermutlich auch nichts Gescheites in der Kiste läuft, hüpfen sie lieber miteinander in selbige, bevor am Dienstag wieder sexfrei ist.

Stichhaltiger Trend

Das Hautbild unterscheidet sich durchaus von einem Bild auf der Haut. Wobei das Hautbild ebenso perfekt, aber auch ebenso erschreckend wie ein Bild auf der Haut sein kann. Früher trugen allenfalls Seemänner Tätowierungen auf dem Unterarm. Heute sind Hautmalereien für einige zu modischen Accessoires geworden wie Piercings oder gefärbte Haare. „Outside cool - inside fool", heißt es bei den Untertanen der britischen Königin mit Blick auf dieses gesellschaftliche Phänomen. Denn für nicht wenige sind Tattoos dass, was Graffitis auf Häuserwänden sind: sinnlos Schmierereien.

Gleichwohl scheint die Zahl derer, die ihren Körper mit einer Tätowierung verschönern lassen wollen, chronisch zu steigen. Immer beleibter werden dabei chinesische Schriftzeichen. Da die meisten von uns jedoch des Chinesischen kaum oder gar nicht mächtig sind, scheinen leise Zweifel erlaubt, ob derjenige überhaupt weiß, was er sich da in die Haut kritzeln lässt?

Ebenso dürfte es wohl eher unwahrscheinlich sein, dass der Künstler an der heißen Nadel, der gegen ein Entgelt die mehr oder weniger professionelle Hautverschönerung vornimmt, Sinologie studiert hat oder zu den legitimen Erben Mao tse Tungs gehört. Wie also wird sichergestellt, dass ein Schriftzeichen, das beispielsweise „Glück" oder „Fruchtbarkeit" bedeuten soll, nicht in Wirklichkeit so etwas wie „hirnloser Armbeschmierer" oder „Nazis sind toll" heißt?

Und ist es im Gegenzug auch so, dass sich Tausende Chinesen deutsche Sinnsprüche auf die Haut schreiben lassen? Sind das so großartige Sätze wie „Es wird gegessen, was auf den Tisch kommt" oder „Früher war mehr Lametta"? Interessant ist in diesem Zusammenhang auch die Frage, ob es noch Körperstellen gibt, vor der die Tätowierungsnadel Halt macht?

Schließlich sind kleine Bildchen und Schriften hier und da sogar im Schambereich eingearbeitet. Selbst die Kauleiste wird gezielt verschönert. Da gibt es Menschen, die sich das Logo ihres Lieblingsvereins auf die Zähne gravieren lassen – offenbar in der Hoffnung, dass die Sportler den richtigen Biss an den Tag legen mögen. Neu ist ein Trend aus Großbritannien. Hier lassen Frauen ihre Brustwarzen künstlerisch gestalten. Ein Trend, der sogar bereits einen eigenen Namen hat: Tittooing. Die Wortschöpfung setzt sich aus „Tits", dem umgangssprachlichen Begriff für Brüste, und Tattoo zusammen.

Das Gros der Damen, das diese Form der Mikropigmentierung für Preise ab umgerechnet 800 Euro aufwärts in Anspruch nimmt, möchte lediglich die Farbe ihrer Brustwarze ein wenig verändern. Der Bogen spannt sich dabei von einem dezenten Rosa bis hin zu Beige. Natürlich bieten die Brustwarzen auch Raum für kleine Bildchen oder Lebensweisheiten. Diese wollen natürlich entsprechend präsentiert werden.

Wahrscheinlich gibt es daher schon bald spezielle Blusen mit kreisförmig ausgeschnittenen Präsentationsflächen mit den sich die geneigte Dame dann auch öffentlich brüsten kann. Spätestens dann greift auch wieder der alte Leitsatz: Schönheit entsteht im Auge des Betrachters.

Bezahlter Ruhm

„Wir können alles – außer teuer", lautet einer der bekanntesten Slogan aus der Werbung. Denn wir alle wissen, Geiz ist geil und bemühen uns als Nation der Sparfüchse, wo immer möglich, unsere sauer verdienten Kröten zusammenzuhalten. Schließlich ist noch niemand vom Geld ausgeben reich geworden. Dafür aber nicht wenige durch das Geld anderer Leute. Vor allem dank jener Menschen, die bereit sind, für etwas Besonderes schon einmal etwas tiefer in die Tasche zu greifen. Und wenn mit dem Griff ins Portemonnaie auch noch Ruhm und Ehre verbunden sind, fällt dies scheinbar noch leichter.

Dies zumindest scheint zu erklären, warum es dem britischen Starkoch Martin Blunos gelang, bei der Frome Cheese Show in der englischen Grafschaft Somerset ein Käsebrot für sage und schreibe umgerechnet 134 Euro an den Mann zu bringen. Okay, zwischen den Weißbrotscheiben klemmte nicht einfach nur bester Cheddar-Käse. Nein, das Sandwich wurde geschmacklich noch mit ein paar Scheibchen von Wachtel-Eiern, schwarzen Tomaten, frischen Feigen und weißem Trüffel verfeinert. Garniert wurde das Ganze mit 100 Jahre altem Balsamico Essig und Goldstaub.

Während dem Käufer wohl lebenslang kalter Toast und lauwarmes, schales Bier drohen, sollte er sich erdreisten, Ketchup auf das Brot zu schmieren, hofft Martin Blunos, mit dem Verkauf seiner kulinarischen Meisterwerkes einen Eintrag ins Guinness Buch der Rekorde zu finden. Ein durchaus lobenswerter Ansatz. Einfach ein paar Zutaten zusammenstellen, den Preis für etwas profanes wie ein Sandwich in die Höhe schrauben, abkassieren und dann sich noch dafür mit einer Urkunde und einem Bucheintrag adeln lassen.

Fraglos eine nachahmenswerte Initiative. Ich biete Ihnen daher nun die einmalige Gelegenheit, zu einem Vorzugspreis von 12.487 Euro die teuerste Glosse aller Zeiten exklusiv bei mir zu erwerben.

Um Ihrer Appetit auf das Ganze noch zu vergrößern, verrate ich Ihnen schon einmal ein paar mögliche Zutaten: Ich garniere diese edlen Zeilen mit völlig zusammenhangslosen Wörtern aus 107 Sprachen, ein fetten Überschrift und drucke Ihnen das Filetstück der deutschen Schreibkunst dann auf Wunsch auch noch auf Seidenpapier aus. Irgendwie muss ich ja schließlich reich und berühmt werden.

Herdqualen

Klar, wenn Mutti sagt, „Es wird gegessen, was auf den Tisch kommt", schwingt in dieser Aussage zugleich das Eingeständnis mit, dass die Frau am Herd von ihren eigenen Kochkünsten selber nicht zu 100 Prozent überzeugt ist. Entsprechend wenig überraschend ist der Aufstand der Zwerge, den die Kinder mit Blick auf die angebotenen Speisen gerne mal proben. Während einige Mütter aus Mangel an Zeit, Geld und Alternativen darauf bestehen, dass das Aufgetischte dennoch verschlungen wird, nehmen nicht wenige Frauen die Beschwerden ihrer Stammhalter zum Anlass, um schnell noch etwas anderes zu zaubern.

Gemäß einer Erhebung aus Großbritannien im Auftrage von Sizzling Pubs verbringen Mütter im Schnitt 260 Stunden im Jahr zusätzlich damit, ihre nörgelnden Kinder essenstechnisch zufrieden zu stellen. Wobei die meisten Mütter pro Mahlzeit bis zu drei verschiedene Gerichte zubereiten, um die Gaumen des Nachwuchses und des Göttergatten gleichzeitig zu verwöhnen.

Die größten Quälgeister am Tisch sind demnach die Töchter, die zwar mengenmäßig eher wie Vöglein picken, dennoch regelmäßig andere Essensvarianten einfordern als die, die sich die Eltern oder Geschwister einverleiben. Potenziert wird die Zahl der am Herd verschwendeten Zeit durch die unterschiedlichen Arbeitszeiten des Partners und durch terminliche Verpflichtungen der Kinder, die dazu führen, dass die Familie unter der Woche nur selten gleichzeitig am Tisch sitzt.

Dabei ist es doch eigentlich gar nicht schwierig alle mit der Essensauswahl zufrieden zu stellen. Einfach auf gesundes Grünfutter verzichten. Denn Kinder lieben Pommes, Männer Steaks und Schnitzel – und Pommes essen sie auch dazu.

BH-Überschuss

In Männerkreisen gelten Büstenhalter oftmals als Einrichtungen, die mehr versprechen, als sie halten. Oder, um den Vergleich mit der vermeintlich schönsten Nebensache der Welt herzustellen: Büstenhalter sind, so die Meinung vieler Fußballliebhaber, taktisch vergleichbar mit der kontrollierten Offensive im Fußball. Nun sind die holden Damen je nach körperlicher Beschaffenheit mit unterschiedlich großen Oberweiten gesegnet. Einige helfen der Natur noch etwas nach und lassen sich die Brust vergrößern.

Aber unabhängig davon hüllt das Gros der Damen ihre Oberweite in Büstenhalter. Ein Kleidungsstück, von dem die moderne Dame scheinbar ebenso wie bei Schuhen nie genug haben kann. Und so sollen gemäß einer Erhebung im Auftrag der Kette Sweatshop allein in Großbritannien die weiblichen Untertanen ihrer Majestät der Queen 156 Millionen Büstenhalter horten, die sie nie tragen.

Wer die staatliche BH-Zählung durchgeführt hat und wie die Erfassung der ungetragenen Büstenhalter genau erfolgte, ließen die Statistiker offen. Dafür verrieten sie, dass jede Frau im Schnitt neun BHs besitzt, von denen mehr als die Hälfte im Schrank zu verstauben droht.

Der Hauptgrund für die Nichtberücksichtigung einiger Büstenhalter bei der morgendlichen Kleiderwahl ist deren geringer Tragekomfort. Andere Gründe sind die Tatsache, dass ein BH nicht (mehr) modern ist oder die Oberweite dadurch unter bestimmten Kleidungsstücken ein wenig merkwürdig abgebildet ist. Interessanterweise besitzt jede zweite Frau mindestens einen BH, der nicht ihrer Oberweite entspricht und daher noch nie von ihnen getragen wurde.

Dass das mit Streben verstärkten Stoffstück dennoch käuflich erworben wurde, liegt, so die Statistiker, daran, dass ein Drittel aller Frauen noch nie ihren Brustumfang genau ermittelt hat. Zudem kaufen 74 Prozent aller Frauen BHs, ohne diese vorher anprobiert zu haben. Mit der Folge, dass ein Viertel der Frauen Büstenhalter trägt, die ihnen nicht genau passen.

Andererseits, warum sollte die Dame hier einen Unterschied zu Schuhen, Handtaschen und Blusen machen, die ebenfalls nicht selten ungenutzt ein Schattendasein im Schrank fristen? Vermutlich ist es hier mehr das Einkaufserlebnis, das für die holden Schönheiten wichtig ist. Ein Gefühl, das Männern absolut fremd ist. Schließlich braucht MANN den fünften Steckschlüsselsatz oder den dritten DVD-Recorder wirklich.

Pausenaktivisten

Die Mittagspause ist den meisten Mitgliedern der arbeitenden Bevölkerung absolut heilig. Da lassen sie ihr Tagwerk ruhen, neben Abstand vom Stress und der beruflichen Belastung und nutzen die kurz bemessene Zeit, um sich mehr oder weniger sinnvoll zu stärken. Einige tun dies im Kreise der Kollegen, anderen wollen in der Mittagspause ganz für sich sein, um abzuschalten und ein wenig durchzuschnaufen. Andere hingegen geraten in der Mittagspause richtig ins Schnaufen.

Gemäß einer Studie aus Großbritannien im Auftrage von Sportartikelhersteller Helly Hansens nutzen allein im Vereinigten Königreich mittlerweile mehr als zwei Millionen Angestellte die Mittagspause, um die Laufschuhe zu schnüren und um kurz um den Block zu rennen. Demnach tauscht jeder 13. zur Tagesmitte die Arbeitskleidung mit dem Sportzeug und gibt für durchschnittlich bis zu 40 Minuten richtig Fersengeld, während die trägen Kollegen ihr Mittagessen in sich hineinstopfen.

Im Mittel legen die Fitnessjünger unter dem arbeitenden Teil der Bevölkerung dreimal die Woche bis zu acht Kilometer während der Arbeitsunterbrechung zurück. Doch nicht alle der Mittagssportler, die immerhin jeden Fünften Arbeitnehmer umfassen, nutzen die Pause um Pflastersteine zu treten. Viele gehen auch ins Fitnessstudio oder ziehen ein paar Bahnen im Schwimmbad. Dabei gibt es auch geschlechterspezifische Unterschiede.

Gesundheitsbewusste Männer gehen vorzugsweise laufen, Frauen eher zum Aerobic. Und das mittägliche Sportprogramm hat auch positive Auswirkungen auf die Arbeitskraft. Das Gros der „Pausenaktivisten" kehrt nicht etwa erschöpft an den Arbeitsplatz zurück, sondern mit noch größerem Tatendrang. Was aus Sicht der sportfaulen Kollegen wohl eher daran liegen dürfte, dass sie sich beim Sport nicht genügend ausgepowert hätten und durchaus hätten schneller oder weiter laufen können.

Eine Einschätzung, die nachvollziehbar, vor allem dann, wenn sie von Menschen stammt, die in der knapp bemessenen Mittagspause allenfalls laufen lassen – und zwar vornehmlich Kaffee und zuckerhaltige Getränke die Kehle hinunter.

Hundehaufentester

Ohne Frage, London ist die „In-Metropole" des frühen 21. Jahrhunderts. Eine Stadt der Superlative und der Gegensätze, in der aristokratische Traditionen und neueste Trends Hand in Hand gehen. Bärenfellmützen finden Platz neben Punkbürsten, Anoraks neben Maßanzügen, Kitsch neben anspruchsvoller Kunst und Kultur, Dezentes neben Schockierendem.

Für schockierend halten viele auch, wie sehr die Corgis der Queen verwöhnt werden. Den Hunden Ihrer Majestät geht es besser als manchem Untertanen. Und denen soll es jetzt auch noch ans Fell oder besser gesagt, ans Portemonnaie gehen. Denn der Londoner Stadtteil Barking & Dagenham hat den Tretminen auf seinen Bürgersteigen den Kampf angesagt.

Denn, wie überall auf der Welt, sorgen die Hinterlassenschaften von Wuff und Bello auch im Nordosten der britischen Hauptstadt auf Gehwegen für wenig Begeisterung, insbesondere wenn diese sich als Tretmine in die Rillen der Schuhe eingraben. Und so wollen die Behörden ab September 2016 rigoros Jagd auf Hundehalter, die die Hinterlassenschaften ihrer Vierbeiner nicht beseitigt haben.

Dazu müssen die Hundebesitzer die DNA ihres Schwanzwedlers behördlich erfassen lassen. Die Behörde wiederum will dann in einem weiteren Schritt, wenn immer sie Hundekot auf Gehwegen oder Liegwiesen findet, einen DNA-Vergleich in einem Labor vornehmen lassen, um so den Verursachern auf die Schliche zu kommen. Diesen drohen Geldbußen in Höhe von umgerechnet bis zu 110 Euro.

Fraglos ein aufwendiges Verfahren. Vor dem geistigen Auge tauchen sofort Bilder von den Ordnungshütern und Politessen der Insel auf, die mit Schüppchen und Plastikbeutel durch die Straßen von Barking & Dagenham ziehen, um Proben von den Hinterlassenschaften zu ziehen.

Böse Zungen behaupten nun, in Londons Nordosten würde versucht, aus Schei... Geld zu machen. Was aber in Wirklichkeit neben der potenziell verringerten Gefahr von Tretminen nur ein positiver Nebeneffekt für die Stadtkasse wäre. Einziges Problem ist, wenn mal Hunde zu Gast sind, die nicht im Stadtteil registriert sind. Dann muss vermutlich Interpol eingeschaltet oder die NSA zur Hilfe gerufen werden.

Turbulente Zeiten

Eine öffentliche Entschuldigung aller Fluggäste ist wohl längst überfällig. Was haben wir nicht alle gewettert, dass wir Passagiere auch in Zeiten von Billigfliegern immer weiter geschröpft werden, während der Service an Bord sich zeitgleich in einem permanenten Sinkflug befindet. In unserer unendlichen Verblendung wollten wir die Wahrheit scheinbar nicht erkennen. Vielmehr haben wir bei jeder sich bietenden Gelegenheit über diverse Airlines und ihre enge Bestuhlung geflucht und gemeckert. Nur weil einige Sitzreihen mittlerweile so eng zusammen geschoben wurden, dass selbst Zwergkaninchen mit Hut nur dank einer ausgefeilten Origamiefalttechnik hier Platz finden können.

Als unbedarfter Passagier haben wir die spürbar eingeschränkte Bewegungsfreiheit der Gier der Fluglinien zugeschrieben, angestachelt von dem Irrglauben, die zusätzlichen Sitzreihen würden nur der Profitmaximierung durch zusätzlich verkaufte Tickets dienen. Doch nun müssen wir erkennen, dass wir den Airlines Unrecht getan haben. Und dafür entschuldigen wir uns in aller gebotenen Form. Die Augen haben uns zwei Wissenschaftler von der britischen Insel geöffnet.

Dank der Forschungsergebnisse von Paul Williams von der Universität im englischen Reading und von Manoj Joshi von der Universität in Norwich wissen wir nun, dass die enge Bestuhlung Teil eines sorgsam und vorausschauend geplanten Sicherheitssystems ist. Die beiden Gelehrten aus dem Reich der Themsen-Elli, wie die britische Königin mitunter spöttisch genannt wird, haben nämlich herausgefunden, dass der Klimawandel dazu führt, dass auf Transatlantikflügen künftig deutlich mehr und heftigere Turbulenzen zu erwaten sind. Vor allem so genannte Clear-Air-Turbulenzen, die nicht bei Gewitter oder Sturm, sondern bei wolkenfreiem Himmel unvermittelt auftreten könnten.

Da diese mit der heutigen Technik kaum vorhergesagt werden können, könnte es passieren, dass Passagiere und Tomatensaft unvermittelt durch die Kabine geschleudert werden. Und hier schließt sich wieder der Kreis zur engen Bestuhlung. Hinter dem Einklemmen der Passagiere zwischen der Vorder- und Rückenlehne ihres viel zu engen Sitzes steckt Kalkül. Denn die Platzanordnung hilft, zu verhindern, dass die Fluggäste im Flug aus dem Sitz geschleudert werden. Die Kräfte, die bei Turbulenzen wirken, sind bisweilen nämlich so stark, dass die Sicherheitsgurte allein den Passgierwirbel wohl nicht verhindern könnten.

Während Paul Williams und Manoj Joshi prophezeien, dass die Zahl der Turbulenzen in den kommenden vier Jahrzehnten um bis zu 170 Prozent zunehmen wird, treffen die Airlines bereits heimlich weitere Sicherheitsvorkehrungen. Das Bordpersonal erhält vorsorglich Schuhe mit Bleisohlen und Röckchen mit eingenähtem Saumbeschwerer. Getränke werden nur noch in geschlossenen Behältern mit Strohhalm serviert.

Was beim lauwarmen Bierchen dafür sorgt, dass der geneigte Fluggast den Großteil der Strecke bis New York oder Miami selig schlummert und von den Turbulenzen unterwegs nichts mitbekommt. Und die im Bedarfsfall runterklappende

Sauerstoffmaske wird so umgebaut, dass sie auch über eine Absaugfunktion verfügt, um sauber und geruchsfrei auf plötzlich auftretende Übelkeit reagieren zu können.

Schnaps Nummer 3.674

Bei nüchterner Betrachtung sind wir scheinbar alle von Schnapsdrosseln umgeben oder hängen selber an der Flasche. Denn rein statistisch gesehen, gönnt sich ein jeder im Laufe seines Lebens 5.808 große Bier. Dies zumindest wollen unsere britischen Nachbarn im Rahmen einer Studie mit 2.000 Teilnehmern im Auftrag des Krankenversicherers Benenden Healthcare ermittelt haben. Wobei es sich bei den fast 6.000 Gerstensaftgläsern um Pints handelt, also um Trinkgefäße mit einem Fassungsvermögen von 0,568 Litern.

Aber die Druckbetankung mit Bier scheint allein nicht auszureichen. Mit Blick auf eine 60-jährige Lebenszeit als Erwachsener konsumiert ein jeder zusätzlich im Schnitt 8.700 Gläser Wein und 2.900 Flaschen Cider, also eine Art Apfelwein – was irgendwie britisch ist. Hinzu kommen 5.808 Schnäpse, 1.452 Cocktails und ebenso viele Likörchen und Gläser Sekt oder Champagner. Diese enorme Trinkfreudigkeit führt dazu, dass ein jeder im Mittel 456 alkoholische Getränke pro Jahr zu sich nimmt.

Wobei die meisten sich laut der genannten Studie „nur" an drei Tagen pro Wochen einen genehmigen. Und dies überwiegend zu Hause. Denn 57 Prozent der Drinks werden in den eigenen vier Wänden zu sich genommen. Was den Vorteil hat, dass man das Geld fürs Taxi spart und relativ kurze Wege bis in die Horizontale hat, wenn man plötzlich das Gefühl hat, Karussell zu fahren.

Was irgendwie weit verbreitet scheint. Schließlich soll ein jeder in seiner 60-jährigen Trinkerhistorie statistisch gesehen 726 Mal mit einem mächtigen Brummschädel aufwachen. Was nicht nur Auswirkungen auf die Leber, das Erinnerungsvermögen und das allgemeine Wohlbefinden hat, sondern auch auf das Portemonnaie. Denn der lebenslange Trinkspaß kostet einen jeden umgerechnet rund 66.000 Euro.

Ernüchternde Zahlen, deren Betrachtung einen ja irgendwie in den Suff treiben muss. Ich für meinen Teil brauche jetzt erst einmal einen Schnaps. Wobei ich ein wenig den Überblick verloren habe und nicht mehr weiß, ob dies nun Schnaps Nummer 3.674 oder 3.675 ist. Aber, das kommt davon, wenn man statt zu tief ins Glas zu tief in ein Zahlenwerk schaut.

Kollektive Gesetzesbrecher

Na, was haben Sie jetzt schon wieder verbrochen? Nun tun Sie doch nicht so unschuldig. Es muss Ihnen nicht peinlich sein. Andere tun es auch. Wir alle verstoßen hier und da gegen das Gesetz. Gut, dass heißt nicht zwangsläufig, dass wir zu Mördern werden oder eine Bank überfallen, doch im Mittel verlassen wir 21 mal pro Jahr den Pfad der Tugend. Dies zumindest dokumentiert eine britische Studie mit 3.000 Teilnehmern im Auftrag des Vergleichsportal GoCompare.com.

Besonders auf vier Rädern vergessen wir scheinbar gerne mal Recht und Ordnung. 79 Prozent der Befragten räumten ein, regelmäßig die vorgeschriebene Höchstgeschwindigkeit zu überschreiten. Und vier von zehn gestanden freimütig, öfter mal – vor allem kurze Stücke – unangeschnallt im Auto zurückzulegen, während ein Drittel, ohne Rot zu werden, zugab, schon mehrmals bei Rot über eine Ampel gebrettert zu sein. Immerhin 31 Prozent parken immer mal wieder für einen Moment im absoluten Halteverbot.

Und auch sonst wird die Straße für viele sonst so anständige Bürger zum Sündenpfuhl: sieben von zehn haben schon mal Alkohol am Steuer genossen, 26 Prozent telefonieren regelmäßig bei der Fahrt ohne Freisprechanlage mit dem Handy, 20 Prozent haben beim Einparken schon mal eine Beule oder einen Kratzer in einem anderen Autos verursacht und sich dann heimlich aus dem Staub gemacht.

Unter die Top 20 der Alltagsvergehen schafften es zudem die Einnahme von Drogen, die immerhin 28 Prozent zu Protokoll gaben, und das achtlose Wegwerfen von Müll, das sich immerhin ein Viertel auf die Fahne heften musste. Immerhin 34 Prozent nannten Sex in der Öffentlichkeit als eines ihrer Vergehen und fast ebenso viele haben schon mal illegal Musik-CDs, Videos oder Software kopiert beziehungsweise aus dem Internet heruntergeladen.

Hinzu kommen noch die 70 Prozent, die immer wieder verbotenerweise mit dem Fahrrad über den Bürgersteig fahren, und die 18 Prozent, die es versäumen, die Hinterlassenschaften ihres Hundes zu beseitigen. Bei so viel kollektiver Niederträchtigkeit läge es eigentlich nahe, die Nationalhymne auszutauschen. Statt des Deutschlandliedes müssten wir künftig gemeinsam den einstigen Gassenhauer von Willy Millowitsch, „Wir sind alle kleine Sünderlein“, intonieren. Was allerdings ein noch größeres Verbrechen an der Menschheit wäre.

Sprachcharme

Einen Rock müsste Mann tragen. Und lange, wallende Haare haben. Ja, ein bisschen Oberweite wäre vielleicht auch nicht schlecht. Hier noch ein wenig Lippenstift, da noch etwas Schminke. Nein, keine Angst, ich träume nicht von einer Geschlechtsumwandlung, sondern überlege nur, wie es mir gelingen kann, beim Einkauf einfach mehr zu sparen. Immer nur nach Schnäppchen Ausschau zu halten, entlastet das Portemonnaie auf Dauer nicht genug.

Frauen haben scheinbar mehr Erfolg, wenn es darum geht, Preisnachlässe in den Shoppingtempel dieser Welt zu ergattern. Laut einer britischen Studie mit 3.000 Teilnehmern setzen 80 Prozent aller Frauen ihren weiblichen Charme immer wieder erfolgreich ein, wenn es darum geht, ein paar Taler zu sparen. Sie lassen das wallende Haar in Wallung geraten, schauen der (männlichen) Verkaufskraft ganz tief in die Augen, lachen ein wenig albern und flirten, was das Zeug hält. Und der Blick auf die Einkaufsrechnung gibt ihnen Recht. Die Rechnung geht voll auf.

Mehr als die Hälfte aller Frauen berichtet stolz, schon einmal Waren oder Dienstleistungen völlig kostenfrei erhalten zu haben, nur weil sie ihre weiblichen Reize gezielt eingesetzt hat. Gemäß der Studie spart die charmante Frau von Welt auf diese Art und Weise im Schnitt umgerechnet 171 Euro pro Jahr. Haben und nicht haben sind 342 Euro. Geklaut und wieder gefunden 684 Euro. Vor den Spiegel gestellt 1.368 Euro.

Und dies nur, weil ein bisschen mit den Augen geklimpert wird. Wir Männer hingegen zahlen im Prinzip die Zeche. Wohl auch, weil das weibliche Verkaufspersonal offensichtlich unserem Charme wenig häufig unterlegen ist. Und so freuen wir Männer uns in der Regel, wenn wir drei Prozent Skonto bekommen, nur weil wir bar bezahlen.

Darüber können Frauen nur herzlich und lange lachen. Offensichtlich sogar so herzlich und lange, dass sie beim Einkauf ob ihrer guten Laune und Ausstrahlung begünstigt werden. Daher wäre es nur fair, wenn die Frauen uns etwas von dem Ersparten abgeben würden, wenn wir uns schon für sie lächerlich machen.

Literaturfasten

Der Trend geht ja bekanntlich zum Zweitbuch. Wohl auch, weil Bücher ungemein praktisch sind. Sie können bei Bedarf eine Fliegenklatsche ersetzen, helfen zu verhindern, wenn sie geschickt unter dem Reifen platziert sind, dass abgestellte Fahrräder an abschüssigen Stellen sich selbständig machen und wegrollen. Zudem können Bücher je nach Dicke genutzt werden, um Unebenheiten im Boden auszugleichen, und um so zu verhindern, dass der Kaffeetisch auf dem Rasen zu sehr wackelt.

Auf kalten Parkbänken kann man sich die Bücher unter den Allerwertesten schieben und so verhindern, dass einem schnell selber kalt wird. Und wenn alle Stricke reißen, können Bücher auch mal als Grillanzünder verwendet werden.

Keine Frage, Bücher sind ungemein praktisch und vielseitig verwendbar. Vielleicht kommen deswegen rund 100.000 neue Titel pro Jahr allein in Deutschland auf den Markt. Gut, der eine oder andere kauft Bücher auch als netten Dekorationsgegenstand für die Regalwand. Und es soll sogar Leute geben, die Bücher lesen. Komplett. Von vorne bis hinten. Wohl auch, weil Bücher je nach Inhalt sowohl unterhalten, als auch Wissen vermitteln.

Vor allem das Jungvolk scheint in Zeiten von Internet und neuen Medien zunehmend das Interesse an der Literatur zu verlieren. Bei einer Studie in Großbritannien mit 2.000 jungen Männern unter 30 Jahren im Auftrag des Online-Portals Lovereading.co.uk kam nun heraus, dass 19 Prozent der Überzeugung sind, George Orwells „Farm der Tiere" sei ein schweinischer Sexfilm. Was nicht völlig falsch ist. Schließlich spielen Schweine wie Old Major, Schneeball und Schwatzwutz wichtige Schlüsselrollen in dem großen Klassiker der Weltliteratur.

Knapp 20 Prozent nehmen an, dass Charles Darwin Urheber des Romans „Oliver Twist" sei. Vermutlich hatte der für seine Evolutionstheorie bekannte Naturforscher die Geschichte des Findelkinds auf den Galapagos-Inseln zusammen mit den berühmten Darwinfinken entdeckt. Was den Schluss zulässt, dass Charles Dickens das Manuskript seines Welterfolges nur geklaut hat und sich über mehr als ein Jahrhundert mit falschen Federn schmückte.

25 Prozent der jungen Briten sind ferner überzeugt, dass Sherlock Holmes keine fiktive Figur aus der Feder von Arthur Conan Doyle ist, sondern tatsächlich existierte. Klar, James Bond rettet ja auch nachweislich seit über 40 Jahren die Welt, die Erde ist eine Scheibe und Strom ist gelb. Und für alle, die es noch nicht wussten, der schottische Nationaldichter Robert Burns ist nach Angaben von 67 Prozent der Befragten dafür bekannt, die schottische Nationalspeise Haggis, ein mit Innereien gefüllten Schafsmagen, erfunden zu haben.

Vor diesem Hintergrund ist sicherlich interessant, zu erfahren, dass der gemeine Brite unter 30 Jahren im Schnitt zwischen acht und zwölf Monaten (!) benötigt, um ein Taschenbuch zu lesen. Wie lange es dauert, bis dessen Inhalt auch verstanden ist, ließ die Studie offen. Jedoch liegt die Vermutung nahe, dass die jungen Männer gut drei, vier Wochen benötigt haben müssen, um die Fragen dieser Studie zu lesen und zu beantworten. Als Dankeschön gab es vermutlich ein Telefonbuch. Das ist irgendwie leichter zugänglich.

Gewohnheitstrinken

Kölschtrinker wissen aus der Werbung, dass es für ein Früh nie zu spät ist. Andererseits fragen sich viele, wann im Laufe des Tages der richtige Zeitpunkt ist, um mal kurz das Glas zu erheben? Kein Bier vor vier? Ist der über Generationen beliebte Frühschoppen nur sonntags gesellschaftsfähig? Fakt ist, und dies verdanken wir einer Studie, aus einem Land, in dem lange Jahre der Trinkspaß durch den legendären „last call" auf 23 Uhr begrenzt blieb, dass sich der Otto-Normalverbraucher statistisch gesehen wochentags exakt um 19.11 Uhr den ersten Tropfen Alkohol gönnt.

Gut, von Arbeitern auf dem Bau und der Tetra-Pak-Fraktion in der S-Bahn ist man an andere Zeiten gewöhnt. Gemäß der Studie aus dem Vereinigten Königreich im Auftrag von Krankenversicherer Benenden Healthcare Society knallen die Korken unter der Woche genau eine Stunde und 25 Minuten, nachdem man die heimischen Gefilde erreicht hat. Wahrscheinlich ist dies die Zeit, die benötigt wird, um den Hund zu streicheln, sich in die ausgebeulte Jogginghose zu pressen, die Mails zu checken und einmal kurz durch zu lüften, bevor es elf Minuten nach der 19. Stunde des Tages endlich heißt: „Hoch die Tassen."

Als Gründe für die Trinkleidenschaft führten viele eine gewisse Gewohnheit ins Feld, während immerhin einer von sechs Befragten angab, sich einen Drink zu gönnen, um den Tag zu vergessen und um besser schlafen zu können. Vier von zehn der immerhin 3.000 Studienteilnehmer räumten ein, täglich ein wenig ins Glas zu schauen. Donnerstags und freitags sind gemäß der Erhebung die trinkfreudigsten Tage. 25 Prozent stimmen sich mit dem einen oder anderen Schlückchen schon donnerstags auf das nahende Wochenende ein, während 70 Prozent am Freitag das Ende der Arbeitswoche zum Teil kräftig feiern.

So gesehen sind wir Journalisten und Schreiberlinge klar im Nachteil. Die wenigsten von uns kommen zu festen Uhrzeiten nach Hause, geschweige denn vor sieben. Außerdem muss regelmäßig an den Wochenenden und in den Abendstunden Dienst geschoben werden. Und zum Frühstück einen zu heben, sorgt beispielsweise bei mir nicht unbedingt dafür, dass der Tag mein Freund wird.

Also bliebe mir nur, wenn ich mit der trinkenden Masse mitschwimmen wollte, spätabends noch ein Fläschchen zu öffnen. Was je nach Redaktionsschluss natürlich schwierig ist. Denn wenn ich immer erst eine Stunde und 25 Minuten warten muss, nachdem ich zuhause angekommen bin, würde ich vermutlich verdursten. Denn bis dahin bin ich garantiert auf dem Sofa eingeschlafen.

Mut zur Lücke

„Sex sells", lautet ein wichtiges Credo aus der Werbewirtschaft. Mit anderen Worten, nackte Haut und Anspielungen auf die körperlichen Gelüste der Menschen helfen, die Verkaufszahlen eines Produktes zu steigern. Vor diesem Hintergrund denken nicht wenige angehende Schriftsteller darüber nach, einen Liebesroman zu verfassen. Dabei muss es ja nicht zwingend permanent verbal unter die Gürtellinie gehen.

Nun ist das Verfassen zweideutigen Romane nicht jedermanns Sache. Gleichwohl träumen viele davon, eines Tages mit ihren literarischen Ergüssen einen pekuniären Erfolg zu landen wie weiland J. K. Rowling mit ihrer Harry Potter Saga oder Dan Brown mit „Sakrileg". Motto: Mit 200 bedruckten Seiten zum Millionär.

Von der Theorie also nicht weiter schwierig. Allein mangelt es den meisten an der zündenden Idee. Dabei ist eine solche nicht wirklich notwendig, wie ein Beispiel aus Großbritannien zeigt, wo ein gewisser Sheridan Simove über Nacht mit seinem Buch „What every man thinks about apart from sex" an die Spitze der Bestsellerlisten stürmte. Auch für die Zeitgenossen, die des Englischen nicht mächtig sind, ist dieses Buch durchaus leicht zugänglich.

Es scheint auch zweifelhaft, ob die deutsche Version unter dem Titel „Worüber Männer noch nachdenken außer über Sex" jemals auf den Markt kommen wird. Denn das Meisterwerk von Sheridan Simove enthält 200 völlig leere Seiten. Nein, da ist nichts mit Zaubertinte niedergeschrieben, was sichtbar wird, sobald man mit einer Zitrone darüber reibt. Das Buch zeigt auch keine Bilder von einem sibirischen Tiger im Schneesturm, sondern spiegelt vielmehr die Leere des männlichen Hirns wieder, wenn die Herren der Schöpfung – so Simoves Einschätzung – über etwas anderes sinnieren sollten als über Sex.

Gut, für 4,69 britische Pfund ist der Schinken ein Schnäppchen für Gedankenlose, aber für ein Notizbuch mit gestaltetem Deckel sicherlich etwas zu teuer. Und was sollten die Herren auch darein schreiben? Andererseits können sich die Käufer nun rühmen, ein pseudo-wissenschaftliches Buch im Regal stehen zu haben, das einen tiefen Einblick in die Psyche des Mannes verschafft.

Das meist verkaufte Buch auf den britischen Inseln ist übrigens derzeit ein Werk von Starkoch Jamie Oliver, in dem Rezepte für Mahlzeiten, die in maximal 30 Minuten zubereitet sind, schmackhaft gemacht werden. Was nicht wirklich überrascht. Denn wer in nur einer halben Stunde sein Essen auf den Tisch gezaubert hat, hat mehr Zeit, in Ruhe über Sex nachzudenken oder in Sheridan Simoves Buch zu lesen.

Schokotonträger

Mit dem Kopierschutz in der Musikbranche ist es so eine Sache. Im digitalen Zeitalter werden immer mehr Stück illegal kopiert oder sogar auf ominösen Internetseiten zum kostenlosen Download im Internet bereitgestellt. Was natürlich zu sinkenden Einnahmen bei Produzenten und Musikern führt. So ausgefeilt der eingebaute Kopierschutz auch sein mag, Hackern gelingt es immer wieder, diese Sicherheitshürden zu knacken. Es scheint ein ewiges Rennen zu sein, aus dem die Musikbranche immer nur temporär als Sieger hervorgeht.

Entspannter präsentierte da die schottische Band Found ihre Single „Anti Clim Paint" – und dies ganz ohne Furcht vor Raubkopien. Denn der Song ist auf einer ganz besonderen Schallplatte erschienen. Gemeinsam mit dem befreundeten Bäcker Ben Milne tüftelte die dreiköpfige Combo aus Edinburgh wochenlang an einer Spezialmischung, um schließlich die weltweit erste essbare Schallplatte aus Schokolade auf den Markt bringen zu können.

Fraglos ein Musikgenuss der ganz besonderen Art, wenn auch mit einer begrenzten Halbwertzeit. Zum Leidwesen der Musikfans können die Schokotonträger, von dem lediglich 50 Stück von der Bäckerei Fisher & Donaldson produziert wurden, im Mittel nur zehnmal abgespielt werden, bevor sie hinüber sind.

Als Trost kann die Single anschließend ganz genüsslich verspeist werden. Was ein klarer Vorteil gegenüber herkömmlichen CDs oder der Musik zum Download ist. Denn die liegen höchstens mal schwer im Magen.

Ehekriegsschluss

Jede Scheidung beginnt bekanntlich mit einer Hochzeit. Oder wie es Schauspielerin Brigitte Bardot einmal ausdrückte: „Eine Heirat geht ja furchtbar schnell, aber die Scheidung ist immer so zeitraubend." Ja, wenn nur der Zeitfaktor wäre, wäre der juristische Ehekriegsschluss wohl einigermaßen erträglich. Doch hinzu kommen emotionaler Stress und Streitigkeiten über das Sorgerecht für eventuelle Kinder, über das Hab und Gut. Letzteres ist nicht für alle ein Thema. Zsa Zsa Gabor beispielsweise sagte frank und frei: „Ich habe niemals einen Mann so sehr gehasst, dass ich ihm seine Brillanten zurückgegeben hätte." Eine Taktik, die sich nach acht Ehen durchaus ausgezahlt hat, konnte die Schauspielerin doch ein Millionenvermögen anhäufen.

Bei vielen anderen geht das Ende einer Beziehung oft mit herben finanziellen Einschnitten einher. Gleichwohl ist das Ehe-Ende für viele Grund, mal so richtig zu feiern. Die britische Kaufhauskette Debenhams greift diesen Trend auf und bietet neben Hochzeits- nun auch Scheidungstische an. Auf diesen finden sich vornehmlich Haushaltsutensilien, Bettwäsche, Handtücher, Geschirr und ähnliches. Schließlich muss sich wenigstens einer der beiden ehemaligen Ehepartner in seiner neuen Dackelgarage von Wohnung neu einrichten.

Den Trend der Zeit haben auch die Londoner Anwaltskanzlei Lloyd Platt & Company als Anbieter von Gutscheinen für eine Scheidungsberatung sowie die Amerikanerin Angie Schmidt erkannt. Letztere verkauft unter www.smashingkatie.com ungewöhnlich Scheidungsgeschenke. Benannt ist die Fundgrube nach der Geliebten ihres Exmannes. Im Angebot ist beispielsweise ein praktischer Sarg für den Ehering. Außerdem können online Voodoo-Puppen mit dem Konterfei des Ex-Partners geordert werden. So kann der/die Ex mit kleinen Nadelstichen systematisch zermürbt werden. Vor allem, wenn der Trennung ein Rosenkrieg vorausging. Keine Frage, so macht selbst die fieseste Scheidung noch irgendwie Spaß, auch wenn so eine Scheidung selber nun wirklich kein Spaß ist.

Dinkelstangenplädoyer

Eines der großen, ungelösten Rätsel der Menschheit ist es, wieso man nach dem Genuss von 100 Gramm Schokolade am nächsten Tag gleich ein Kilo mehr auf die Waage bringt? Doch das ist nicht der einzige Nebeneffekt. Wie wir wissen, sind viele Süßigkeiten bekanntlich die Bausteine so mancher Zahnarztvilla.

Aber, was noch schlimmer ist, Süßes macht kriminell! Ja, da bleibt Ihnen wohl der Schokoriegel im Halse stecken, da verklebt Ihnen wohl das Weingummi die neuen Stiftszähne. Ich will jetzt nicht behaupten, dass alle, die ab und an mal naschen, Schwerverbrecher sind, doch ich sage es ganz offen, Leute mit einem süßen Zahn laufen deutlich mehr Gefahr, sich früher oder später im Gefängnis wieder zu finden. Eine Einschätzung, die natürlich wissenschaftlich fundiert ist.

Diese Erkenntnisse stammen nämlich aus einem Land, in dem ein ganz süßes Schnuckelchen die Gemahlin eines Thronfolgers im Dauerwartestand geworden ist, aus einem Land, in dem frittierte Mars-Riegel zum Nachtisch serviert werden, aus einem Land, in dem zum Frühstück weiße Bohnen in süßer Tomatensauce gegessen werden – aus Großbritannien. Eine große angelegte Studie mit 17.500 Probanten brachte zu Tage, dass 69 Prozent derjenigen, die im Kindesalter fast täglich genascht haben, bis zum Alter von 34 Jahren mindestens einmal straffällig geworden sind.

Für den süßesten Sohn der Welt wird dieses Forschungsergebnis nun zu einer bitteren Pille. Da ich bereits die 34 geringfügig überschritten habe, und bei mir keine akute Gefahr besteht, dass ich auf die alten Tage als zwielichtige Gestalt Teil der Halbwelt werde, sehe ich mich nun gezwungen, aus väterlicher Fürsorgepflicht sämtliche Süßigkeiten in unserem Haushalt mit dem Malmwerkzeug meines Gebisses zu vernichten. Natürlich nur, um schon in jungen Jahren zu verhindern, dass der süßeste Sohn der Welt irgendwann eine kriminelle Ader entwickelt. Dann doch lieber Dinkelstangen!

Flügellahme Engel

Böse Zungen behaupten, nur Witwer haben Engel als Frauen. So etwas würde ich natürlich nie denken, geschweige denn schreiben. Denn dann verdunkelt sich binnen von Sekunden das Engelsgesicht der Frau, die mir die Welt erklärt, und sie würde mich vermutlich zum Teufel schicken wollen. Aus eigner Erfahrung weiß ich nämlich nur allzu genau, dass es leichter ist, wie ein Engel auszusehen, als einer sein. Wurde meine Oma doch nicht müde, zu behaupten, ich sei ein Engel mit einem B davor.

Nun sind meine wilden Jahre längst vorbei. Hier und da wurden mir sogar kräftig die Flügel gestutzt. Was nicht bedeutet, dass ich mich nicht auch schon mal durch Kleinigkeiten beflügeln lasse. Und schon dröhnt mir wieder meine Oma im Ohr, die zu sagen pflegte: „Beflügelte Menschen sind noch lange keine Engel."

Abgesehen davon, können Engel gar nicht fliegen. Diese Einschätzung stammt natürlich nicht von mir, sondern von Roger Wotton, der das Ganze sogar wissenschaftlich zu belegen weiß. Als Biologie-Professor am renommierten University College in London hat er den Körperbau von Engeln mit dem von flugfähigen Tieren verglichen. Und das Resultat ist eindeutig: Die geflügelten Helfer Gottes können gar nicht aus eigener Kraft fliegen. Sie sind zu schwer und ihnen fehlen jene Muskeln im Brustbereich, die notwendig sind, um mit ein paar Flügelschlägen abzuheben.

Und selbst für den Gleitflug seinen die Flügel der Engel unbrauchbar. Sie würden starke Aufwinde benötigen und würden bei starken Winden eher davon geweht werden, statt kontrolliert zu fliegen. Gegen diese These spricht, dass wir Normalsterblichen auch ohne Flügel fliegen können – zumindest auf die Nase.

Ich möchte Roger Wotton auch nicht zu nahe treten. Doch der eigentlich wichtigen Frage in diesem Zusammenhang ist er gar nicht nachgegangen. Mich würde nämlich vielmehr interessieren, was eigentlich aus Männer im Himmel wird, zumal die Engel alle Frauen sind?

Beinlängen-Mähr

Wenn wir die Wahl haben, die Beine oder die Meinung zu vertreten, entscheiden wir uns in der Regel für die Beine. Mit Blick auf Letztere behaupten Wahrheitssuchende, dass Lügen kurze haben. Und aus der Möbelwerbung wissen wir, auch Liegen haben kurze Beine. Und zwar zumeist vier an der Zahl.

Derweil werfen die 29 menschlichen Beine vom Stirn- über das Schlüssel- bis zum Fersenbein die Frage auf, was der Mensch mit einem Zweibeiner zu tun hat? Unabhängig davon hegen insbesondere Männer wohl eine Schwäche für Beine. Allerdings weniger für starke. Bislang galt die Mähr, dass die Herren der Schöpfung eine gewisse Faszination für lange Beine verspüren würden. Vor allem dann, wenn diese grazilen Stelzen noch von einen kurzen Minirock als Fixpunkt für das männliche Auge begrenzt werden. Doch all dies ist völliger Quatsch.

Wissenschaftlern der University of Westminster in London gelang der Nachweis, dass Männer tatsächlich auf mittellange Beine stehen. Um zu dieser Erkenntnis zu gelangen, legten die Gelehrten von der Insel mehr als 1.000 Probanden Zeichnungen mit den Umrissen von gleichgroßen weiblichen Figuren vor. Dabei variierte die Länge der Beine und des Torsos.

Und siehe da, die Testkerle fanden auf den Bildern diejenigen am attraktivsten, die etwa zu gleichen Teilen aus Beinen und Torso bestanden. Dies entspreche, so die Forscher, Frauen mit mittellangen Beinen. Und die Gelehrten lieferten auch gleich eine Erklärung mit, die auf dem Arterhaltungstrieb basiert: Männer gingen nämlich unterbewusst davon aus, dass Frauen mit langen Beinen und kurzem Oberkörper es schwerer haben, Babys auszutragen.

Eine These, die ich weder bestätigen, noch verneinen kann. Fest steht, und dies wird ein jeder Mann aus eigener Anschauung bestätigen können, egal ob sie kurz oder lang sind, auch die schönsten Beine sind irgendwo zu Ende.

Hundesöhne

So ein Hund ist bekanntlich auch nur ein Mensch. Etwas felliger und häufig mit sabbernder Schnauze, noch dazu auf vier Beinen unterwegs, und doch ist er nicht selten dem Herrchen oder Frauchen überaus ähnlich. Wie innig die Beziehung zwischen Mensch und Hund, aber auch zwischen Mensch und anderen Haustieren sein kann, unterstrich eine Studie aus dem benachbarten Großbritannien.

So hat das Online-Portal Ancestry.co.uk herausgefunden, dass Haustiere im Allgemeinen als vollwertige Familienmitglieder angesehen werden. Demnach gaben 90 Prozent der Befragten an, das Haustier sei ein vollwertiges Familienmitglied.

Was in der Tat häufig nicht schwer zu erkennen ist. Viele Katzen und Hunde schlafen im selben Bett wie Herrchen und Frauchen, lümmeln sich einträchtig neben diesen beim Fernsehgucken auf dem Sofa herum und essen vom gleichen Teller wie ihr Herr und Meister. Und wie es sich für enge Familienmitglieder gehört, ist neben der einen oder anderen Streicheleinheit auch ein Küsschen nicht selten an der Tagesordnung.

Das Charmante bei den Tieren ist, dass sie oft mehr Gespür entwickeln als mancher Mensch. Sie wissen, wann Herrchen oder Frauchen mal Ruhe brauchen, sie halten bei Streitigkeiten bedingungslos zu Herrchen oder Frauchen, egal ob diese im Recht sind oder nicht, und sie widersprechen Herrchen oder Frauchen niemals. Kein Wunder also, dass 33 Prozent angaben, ihr Haustier ihren Verwandten vorzuziehen.

16 Prozent der Hundebesitzer würden sogar gerne ihren Bello offiziell als Familienmitglied anerkennen lassen. Eine Aussage, die dadurch Rückwind erfährt, dass nicht wenige Briten bei der Volkszählung im Jahre 2011 ihren Hund sogar als „Sohn" mit angaben. Warum nicht als Tochter, ließ die Studie allerdings offen – was irgendwie im doppelten Wortsinn ganz schön rüde ist.

Dunkle Ängste

Endlich wurde jetzt mal Licht in das Dunkel gebracht. Und dies in einer Jahreszeit, in der es dank der Umstellung auf die Winterzeit nun noch viel früher dunkel wird. Fakt ist, jeder Zehnte fürchtet sich in der Dunkelheit. Dies gilt zumindest für die Briten, die zwar häufig nach intensiven Kneipenbesuchen die Lampe tüchtig anhaben, von denen aber drei Millionen im Rahmen einer Studie einräumten, dass ihnen die Dunkelheit der Nacht den einen oder anderen kalten Schauer über den Rücken jagt. Und dies hat nichts mit den Versuchen zu tun, mit Hilfe von Wasser wieder auszunüchtern.

Wahrscheinlich liegt die Dunkelziffer noch deutlich höher. Immerhin 25 Prozent räumten ein, schon seit Kindheitstagen Angst vor der Dunkelheit zu haben. Und eben so viele verrieten, dass sie sicherheitshalber nachts eine Lampe im Schlafzimmer anließen, während sogar 60 Prozent zugaben, in der Wohnung oder dem eigenen Haus ein Licht anzulassen, um nicht in das totale Dunkel zurück zu kehren, wenn sie abends mal ausgehen.

So gilt für den gemeinsamen Nachhauseweg mit dem Partner das hasenzahnmutige „Sei nicht feige, lass mich hinter den Baum". Glücklicherweise gibt es ja vielerorts Straßenlaternen, die etwas Licht in das Dunkel bringen, das mache allabendlich aufs Neue überrascht. Dabei gilt, was in einer Vorschrift der Bundeswehr steht, auch für Zivilisten: „Bei zunehmender Dämmerung hat der Soldat alsbald mit Dunkelheit zu rechnen."

Und für diesen Fall hatte der große Konfuzius einen Rat parat: „Es ist besser, ein Licht zu entzünden, als auf die Dunkelheit zu schimpfen." Weise Worte, mit denen der chinesische Philosoph nicht nur Lebzeiten seine Mitmenschen erhellen wollte. Doch ich muss Sie warnen. Einfach das Licht anzuschalten ist auch keine Lösung. Dies hängt damit zusammen, dass 20 Prozent der genannten Studienteilnehmer einräumten, sich schon einmal fast zu Tode erschreckt zu haben, als jemand plötzlich das Licht anmachte. Hinzu kommt, dass dies ein barbarischer Akt ist.

Denn wer die Dunkelheit beleuchtet, der zerstört sie. Was irgendwie schade ist. Schließlich ist die Dunkelheit echt, während beim Licht der Schein oft trügt. Und auch wenn ich selber nur ein kleines Licht bin, habe ich noch einen Tipp für Sie parat: Augen zu und durch. Denn Schlafen ist ein guter Weg, der Dunkelheit zu begegnen. Und Morgen wird es von allein.

Über die Autoren

Ulrike Katrin Peters und Karsten-Thilo Raab berichten als Autoren, Journalisten und Fotografen in zahlreichen Magazinen, Zeitungen, Online-Publikationen sowie Büchern in Wort und Bild über Destinationen weltweit. Neben Reise-, Wander- und Radreiseführern sowie touristischen Ratgebern verfasst das Autorenduo immer wieder auch humorvolle Betrachtungen über die europäischen Nachbarländer, darunter eine Reihe von Büchern über die Bewohner der grünen Inseln sowie Skandinaviens.

Andere lieferbare Titel aus unserem Verlagssortiment:

Britannia Kuriosa
Ulrike Katrin Peters
Karsten-Thilo Raab
104 Seiten
ISBN 978-3-939408-08-8
14,90 €

Kurioses Land, kuriose Wettbewerbe, kuriose Sitten... einfach schön schräg...

Isle of Man Reisehandbuch
Ulrike Katrin Peters
Karsten-Thilo Raab
ISBN 978-3-939408-25-3
13,99 €

„Traa dy liooar" – „(Mehr als) genügend Zeit" lautet das viel zitierte Motto der Manx, das auch ein Stück weit symbolisch für die entspannte Lebensart auf der Insel in der Irischen See steht.

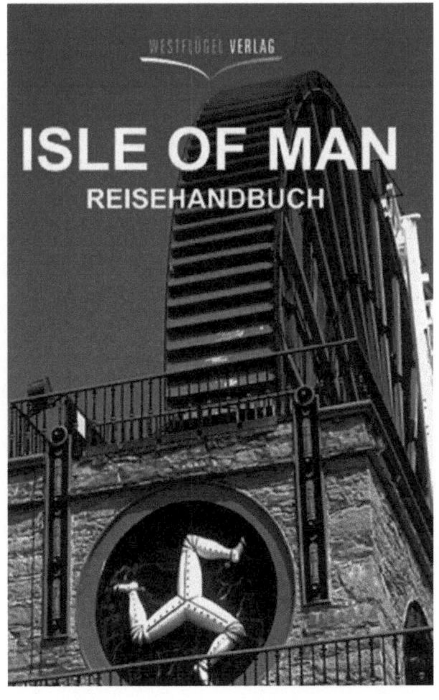

Andere lieferbare Titel aus unserem Verlagssortiment:

London für eine Hand voll Euro
ISBN 978-3-939408-03-1
Preis 14,90 Euro

Londons Kultur, Events und Kunst erleben - für maximal fünf Euro ... und dabei noch ganz neue Seiten der coolen Hauptstadt entdecken....

Südengland Reisehandbuch
ISBN 978-3-939408-15-4
Preis12,95 Euro

„Vielfältigkeit" könnte der Vorname Südenglands heißen. Die Region zwischen Kent im Osten und Cornwall im Westen hat für jeden Geschmack etwas zu bieten.